DICTIONNAIRE DES FANTASMES ET DES RÊVES SECRETS

OTHILE BAILLY

Dictionnaire des Fantasmes et des Rêves Secrets

Éditions Garancière
Jean-Paul Bertrand
Éditeur

© Éditions Garancière, 1987
ISBN : 2-7340-0210-8

Le fantasme « est une action imaginaire figurant sous forme de symboles l'accomplissement d'un désir souvent irréalisable ».

« Le rêve peut se traduire pour ainsi dire à livre ouvert... au moyen d'une clef qui ne doit pas varier. Il est clair que pour qui connaît cette clef symbolique le sens de rêve devient des plus faciles à comprendre. »

Sigmund Freud

Je fantasme sur Springsteen..., sur Alain Delon..., sur le Rock, le New Wave... Moi, sur Sylvie Vartan... Toi sur la petite blonde rencontrée hier... Mon fantasme : avoir un voilier ! Je fantasme sur la dernière Renault, sur la BMW 900..., sur...

Je fantasme, tu fantasmes, nous fantasmons... Qui n'a pas son petit — ou son grand — fantasme ? Personne ! Et ceux qui prétendent ne pas avoir de fantasme sont ceux qui en ont le plus. Refoulés, ils ressortent sous forme symbolique dans la réalité, ou, plus perversement encore, dans les rêves.

Érotiques les fantasmes ? Mais oui ! Et il n'y a pas que les petites annonces ni le Minitel pour l'affirmer. Le fantasme est (presque) toujours d'ordre sexuel, ou, du moins, son origine, si profondément enracinée soit-elle en nous.

Mais qu'entend-on exactement par « fantasme » ? Ce mot tellement employé est sans doute le moins bien connu. On ne peut proposer une définition plus simple que celle qu'en donna son créateur, Freud : une action imaginaire, figurant, sous forme de symboles, l'accomplissement d'un désir fréquemment irréalisable. D'où son importance : c'est toujours ce que l'on n'a pas que l'on désire le plus !

M. Durand qui va essayer une Ferrari, s'y asseoir, prendre le volant entre les mains et écouter religieusement le vendeur qui lui énumère toutes les options, n'a de quoi s'offrir qu'une modeste voiture et encore, d'occasion ! Qu'importe, il rêve, il est heureux, il « fantasme »...

La sensualité là-dedans ? Elle n'a quand même rien à voir

avec cette voiture de grand luxe... Quelle erreur ! M. Durand, pour fantasmer sur cette auto dont il sait avec certitude qu'il ne pourra jamais se l'offrir, a un complexe de supériorité dont l'origine est tout à fait érotique. Et voilà comment une voiture devient un symbole sexuel tout autant que le fouet ou une petite culotte noire.

Le désir peut être irréalisable ; mais on peut vouloir aussi qu'il le soit : par moralité, religion, respect humain, esprit de famille...

Pis encore, on peut se le dissimuler totalement à soi-même, l'enfouir sous les couches de l'inconscient, aussi impénétrables que la Muraille de Chine ; c'est là que le rêve va intervenir, et, sous une forme symbolique, il va le laisser échapper : à nous d'en trouver la clé !

Le Grec Artémidor, devin célèbre il y a plus de deux mille ans, faisait, en interprétant les songes, le travail d'un psychanalyste d'aujourd'hui. Chez tous les deux on retrouve la même phrase « Racontez-moi votre rêve ». Le Grec l'interprétait. Le psychanalyste le déchiffre : blanc bonnet, bonnet blanc...

Artémidor, lui aussi, reconnaissait l'importance du problème sexuel qui se révèle, sous une forme cachée, dans le rêve et, s'il ignorait l'« inconscient », son interprétation des songes y faisait « inconsciemment » appel.

Les siècles passèrent et, à tour de rôle, les rêves furent considérés comme présages, ou comme balivernes et contes pour bonnes femmes... Jusqu'au jour ou Freud et Jung firent de ce qui faisait hausser les épaules aux esprits forts une science formelle !

Que peut-il y avoir de plus passionnant que de nous découvrir, jusqu'au fond de ce subconscient que, dans la vie, nous nous dissimulons soigneusement à nous-mêmes ? De plus instructif aussi : beaucoup d'erreurs et de malheurs pourraient nous être évités si nous connaissions notre vérité.

Encore faut-il avoir entre les mains la clé qui nous permet de découvrir, sous le fantasme, réel ou dissimulé, son symbole, et connaître la signification de ce dernier : les deux portes qui ouvrent sur l'inconscient.

On reconnaît trois formes principales de fantasmes :

— *Le fantasme dans la réalité.* C'est le désir que l'on pourrait réaliser mais qui, pour une raison X, reste à l'état d'illusion : « Je couche avec une Chinoise », fantasme M. B. jusque dans l'accomplissement du devoir conjugal. Dans la réalité si l'occasion s'en présentait, il la fuirait... Ce fantasme concerne donc un objet réel qui peut, dans certains cas, être réalisé : M. O. fantasme, lui, sur les porte-jarretelles noirs et exige que sa partenaire en mette. En revanche il ignore pourquoi le porte-jarretelles noir l'excite. Car, on l'a vu, tout fantasme, même le plus simple, est la représentation symbolique d'une chose cachée dans le subconscient :

La chinoise de M. B. est le désir latent d'échapper à la monotonie conjugale. La jarretelle noire, elle, sort tout droit de la mémoire génétique : elle est le cliché archétypique de la jarretière entrevue par quelque arrière-grand-père sous un jupon relevé...

— *Le fantasme inconscient.* C'est une fiction obsessionnelle vécue en imagination, à l'état de veille ; il est représenté par un objet dont seul le subconscient pourrait déchiffrer le code, donc donner la clé. La vieille demoiselle serrant contre elle son sac (symbole du sexe féminin) défend, sans le savoir, sa virginité.

— *Le fantasme à l'état de rêve.* C'est un songe, toujours symbolique, qui revient fréquemment — sous des formes qui peuvent être différentes — dans le sommeil : si on tue un animal dans un rêve c'est que, sans se l'avouer, on a envie de faire disparaître un proche que l'on assimile à cet animal.

Même le cauchemar est un fantasme : l'angoisse étant le refus par le « moi » conscient d'un désir qu'il n'admet pas.

Tout fantasme est donc la fausse réalisation, ou l'aveu déguisé, de désirs refoulés. Le subconscient se sert alors du symbole (le sac de la vieille demoiselle) pour représenter des envies inavouées. Si, au fond d'elle-même, cette vieille demoiselle désirait connaître l'amour, elle rêverait qu'elle tient ouvert son sac, toujours fermé dans la réalité, et l'emplirait d'objets symboles sexuels mâles : poignard, revolver...

Il ne s'agit pas dans ce livre, de se substituer à un psychanalyste, mais de nous aider à mieux comprendre nos fantasmes. La première partie est donc consacrée aux principaux fantasmes : fantasmes « dans la réalité », fantasmes « inconscients », et fantasmes à l'« état de rêves » ; l'on y précise leurs symboles et leurs clés. La seconde partie est conçue comme un dictionnaire, et chaque mot est suivi de son explication correspondante.

Première partie

VIVRE

SES

FANTASMES

1.

LE FANTASME

DANS LA RÉALITÉ

Bois de Boulogne

Il était rare que Michel G. portât l'uniforme bien qu'il fût le grand maître-chien de la police et, de ce fait, chargé en même temps de surveiller le Bois de Boulogne. Presque toujours en civil, il avait été surnommé à cause de cela « Le Bourgeois » par les prostituées et les travelos du Bois ; ce bois qu'il aimait à la manière dont un propriétaire terrien aime ses champs ! C'était pourtant une drôle de flore qui y poussait...

— Je parierai cependant que tu n'y as jamais vu ce qui m'est arrivé la semaine dernière !

Il se promenait — surveillant en même temps d'un œil habile « son » bois... — , accompagné d'un copain, garde national, et lui aussi, n'étant pas en service, en civil. Celui-ci continua :

— On était en grand uniforme, avec les copains, aux Champs-Élysées, attendant le passage de je ne sais plus trop quel chef d'État, quand une voiture — une des dernières à passer avant que la circulation soit interdite — s'arrête devant moi... A l'intérieur un couple. L'homme se penche vers la femme — une jolie mignonne, ma foi — et lui chuchote quelques mots à l'oreille... Et sais-tu ce qu'elle fait : elle me regarde bien en face, me fait un gentil sourire, et d'un geste preste — on sentait qu'elle en avait l'habitude — dégrafe son chemisier et me sort quasiment sous le nez deux nénés de première ! Bronzés et la pointe rose durcie comme si...tu me comprends ! Non, mais tu te rends compte ? Il n'y avait pas que moi à être au garde-à-vous : mon membre aussi s'y était mis sans que j'aie eu à lui en donner le commandement !

Michel riait de bon cœur. Depuis longtemps plus rien ne l'étonnait :

— Tiens, tu veux que je t'en raconte une bien bonne ? Un soir que je faisais ma ronde, je vois, au tournant d'une allée, une voiture arrêtée, tous feux éteints.

On ne sait jamais ! Je braque ma lampe sur la porte que j'ouvre en même temps. Et qu'est-ce que je vois : une paire de fesses... Mais une paire de fesses énormes, et qui bougeaient de manière à ne me laisser aucun doute : celle d'un gars en pleine action ! Il se retourne furieux, sa flûte enchantée raidie à la main, tandis que j'aperçois dans la pénombre, derrière lui, deux cuisses de femme bien écartées, même que je peux t'affirmer que c'était une vraie blonde... Et mon gars furieux, mais la queue toujours en position, gueule, avec un bel accent anglais « Alors, dans le pays de Rabelais on ne peut plus baiser en paix ! ».

Il me tourne le dos et, aussi sec, enfonce sa verge dans la femme, avec une telle vigueur qu'elle s'est mise à gémir : de douleur, ou de plaisir ? Je ne sais... Je suis discret. J'aurais pu leur dresser procès-verbal pour attentat à la pudeur... J'ai préféré refermer la porte de la voiture !

Mais, tout à sa vision, le garde national n'écoutait même pas Michel G.

— Aussitôt ils ont démarré. A croire que j'avais rêvé !

— Mais, tu n'avais pas rêvé ?

— Penses-tu, j'ai fait rigoler tous les potes en leur racontant mon histoire ! Je ne sais pas à combien de nous elle a fait le coup. Chaque fois qu'on est en grand uniforme y en a un ou deux qui y a droit ! Ça doit être le plumet qui l'excite...

— Qui *les* excite, dit tranquillement Michel. Tu penses bien que le gars est d'accord. Si ça se trouve, pendant ce temps ses doigts ne perdaient pas leur temps ! C'est quoi, lui ? son maquereau ?

— T'es dingue ! Ils sont tout ce qu'il y a de mariés... et du beau monde encore. Lui, c'est un « Monsieur », ça se voit au premier coup d'œil. Elle ? Les femmes c'est plus difficile à juger.

Le maître-chien haussa les épaules :

— Un couple de vicelards ! Il y en a plus qu'on ne croit ; si tu savais ce que je vois...

Il se tut sur un signe de son camarade ; celui-ci, arrêté, fixait un couple qui passait dans une allée parallèle.

— Ça alors ! Quand on parle du loup... Tiens, regarde, ces deux-là..., c'est eux ! Jamais on ne croirait à les voir comme ça... Qu'est-ce qu'ils viennent faire ici ?

— Tu sais, si ce sont des exhibitionnistes ou des mateurs, le Bois c'est le paradis pour eux !

Son ami l'avait quitté, encore ahuri de la rencontre. Michel revenait, tranquille, chez lui, salué de temps en temps par, murmuré à mi-voix, « Tiens, v'là le Bourgeois », « Bonsoir chef... ». C'était à peine gouailleur, presque amical. Toute cette faune pittoresque qui hante le Bois le connaissait, le respectait, et, ma foi, avait une sorte de sympathie pour lui. Il faisait son travail consciencieusement mais sans méchanceté.

Subitement, il revit « le couple ». Cette fois il l'examina : un coup d'œil précis qui jaugeait vite. Manteau de vison, pardessus du grand faiseur qui allait avec l'air arrogant.

Pourtant l'homme s'arrêtait, hésitait, souriait, puis disait à mi-voix :

— Bonsoir...

Ce n'était pas bien méchant. Pourtant Michel eut du mal à réprimer un sourire. Souvent, une histoire analogue lui était arrivée. Il fallait « être du Bois » pour savoir que ce bel homme qui se promenait nonchalamment était un policier, surtout quand son chien ne l'escortait pas, ce qui était le cas aujourd'hui.

Ne se doutant pas à qui il avait affaire, qu'allait lui proposer cet homme ? Michel commençait à s'amuser ferme... mais enfin pour l'instant, il n'y avait rien d'autre à dire que « Bonsoir », ce qu'il fit à son tour.

Le promeneur se fit encore plus aimable :

— Belle soirée... Une soirée qui donne envie d'autre chose... de plus tendre... de plus savoureux !

Il toussota...

— Comment trouvez-vous ma compagne ?

Discrètement il jetait un coup d'œil vers la jeune femme restée un peu en arrière et qui avait entr'ouvert son manteau de fourrure.

— Ravissante, affirma le maître-chien, de plus en plus persuadé qu'il avait vu juste.

Ce qu'il venait de dire était d'ailleurs vrai. Frôlant à peine une trentaine capiteuse, la femme était une rousse aux yeux pers, à la peau si douce au regard qu'elle donnait instinctivement envie de la caresser, à la poitrine généreuse.

Allait-elle lui montrer ses seins comme elle l'avait fait pour son copain ? Il se rappela que cet affriolant spectacle était réservé, du moins d'après ce qu'affirmait ce dernier, aux seuls gardes nationaux. Il attendit, curieux, la suite.

L'homme posa une main tendre sur l'épaule de sa compagne tandis que de l'autre il relevait doucement, lentement, le bas de la jupe. Troussée haut, celle-ci découvrit le triangle soyeux d'un pubis que ne dissimulait aucun slip. La toison rousse brillait sous un rayon de soleil et s'entr'ouvrait doucement, dévoilant la fente, couleur d'une rose sombre, qu'elle dissimulait.

Lâchant l'épaule de la jeune femme, la main de l'homme vint s'appliquer contre la vulve de son épouse, semblant vouloir en cacher le secret. Mais entre deux doigts, il faisait jaillir le clitoris déjà humide. Tandis que le visage de la jeune femme exprimait une volupté d'une intensité presque douloureuse, il dit d'une voix rauque :

— Ça ne vous dirait rien de vous amuser un peu avec elle ?

Michel remarqua le gonflement de la braguette : elle se tendait sous le durcissement du pénis. Il regarda l'homme, un bon sourire sur les lèvres, bien compréhensif... et puis :

— Et vous, ça ne vous dirait rien que je vous arrête pour proxénétisme sur la voie publique ?

L'homme avait bondi comme s'il venait de recevoir une gifle. D'un coup il avait lâché la jupe de sa femme qui, d'un geste pudique, la ramenait sur ses longues jambes. Son visage tournait au rouge violacé, son sourire devenait rictus.

— Quoi ? Qu'est-ce que vous me dites ? Oser me traiter de... de...

Bafouillant, ivre de fureur. Et, grotesque, il ajouta :

— Mais cette femme, monsieur, c'est « ma » femme !

— C'est bien ça le pire !

Il s'amusait de plus en plus, Michel.

L'arrogance revenait chez l'homme, qui prenait le dessus sur la colère et la peur. Qu'avait-il à craindre ?

— Savez-vous à qui vous avez affaire ?

— Non, répondit tranquillement le policier, et par-dessus le marché, je m'en fous. Vous pourriez être le roi d'Espagne que, pour moi, ce serait pareil !

Tout en parlant il sortit de son portefeuille sa carte, la mit sous le nez du « Monsieur ».

— Mais vous, en revanche, vous allez savoir à qui vous avez affaire... à un flic !

Les clés du fantasme

Elles sont multiples et complexes. Le *voyeurisme*, le *fétichisme*, le report sur quelqu'un d'autre (sa femme) de son propre *exhibitionnisme*, le *sado-masochisme*, l'*autopunition* et sans doute aussi l'*impuissance*.

Les symboles

Ils sont à première vue difficiles à saisir mais, à l'aide de nos clés, nous allons les découvrir :

— l'uniforme (fétichisme) ;

— les seins à l'air (voyeurisme et exhibitionnisme : dans les deux cas, report des désirs du mari sur sa femme. Il lui fait faire ce que lui a envie de faire) ;

— le fait de traiter son épouse en putain (sado-masochisme) : il l'humilie et il s'humilie

— aller proposer sa femme à un inconnu (autopunition et impuissance).

Pourquoi ?

Il est presque certain que ces fantasmes sont ceux de l'homme. La femme s'y prête probablement par complaisance, amour, crainte, lâcheté... Et puis les perversions du « plaisir » sont contagieuses !

L'homme « mate », comme dirait Michel, sa femme faisant l'amour avec un autre homme, et, en même temps, reporte sur elle, et par elle, son propre exhibitionnisme auquel par crainte, orgueil, lâcheté, il n'ose pas se livrer. C'est la marmite de la sorcière où dernière épice, il ajoute un soupçon de fétichisme (l'uniforme des gardes nationaux).

La solution

Il n'y en a qu'une : l'analyse. Seul un psychanalyste peut découvrir — et démêler — la ou les motivations responsables de cet amas de perversions.

Cas analogues

Michel G. pourrait sûrement en indiquer quelques-uns mais ils ne sont pas tellement fréquents... surtout quand ces fantasmes se réalisent. Le plus fréquemment on se contente d'en rêver (30 % des femmes, d'après un sondage récent, accepteraient de se transformer, sur la demande de leur mari, en prostituée, pour « un » soir).

Le fouet

Georges G. faisait partie d'une importante société d'export-import. Il voyageait beaucoup comme acheteur au soulagement de ses employés qui supportaient mal cet homme sec, maussade et désagréable. Ils appréhendaient ses brusques colères causées par quelque ennui personnel dont il faisait retomber sur eux le désagrément.

Or, des ennuis, il en avait constamment. « A croire, disait-on autour de lui, qu'il les cherche. » Ses voyages surtout étaient prétextes à d'innombrables mini-catastrophes qui, avec lui, prenaient des allures de drames.

Il arrivait même à tourner en désagrément les choses agréables qui lui arrivaient. Ainsi à ce dîner de séminaire où, le soir du départ, une loterie ayant été organisée, il fut l'heureux gagnant d'un séjour aux Antilles.

Son remerciement fut assez spécial. Il grogna :

— C'est bien ma veine ! moi qui passe ma vie à voyager, il faut encore que je gagne un voyage !

Et, exaspéré, devant tous les convives sidérés, il déchira les billets d'avion qu'on venait de lui remettre.

— Alors, ça, je ne comprends pas, s'étonna sa secrétaire quand elle apprit le fait. Récemment encore il m'avait dit : « Dommage que je n'aie rien à faire aux Antilles... c'est le seul endroit où j'ai envie de me rendre. » Allez comprendre quelque chose à ce bonhomme !

Le « bonhomme » pour l'instant était à Bangkok ; dîners obligatoires où il était presque souriant : les affaires avant tout ! Ce soir-là, dans le restaurant du Dragon, les serveurs apportaient des assiettes sur des serviettes qu'à l'aide de celles-ci ils posaient devant chaque convive en murmurant : « N'y touchez surtout pas, l'assiette est brûlante. » Évidemment, Georges G. n'entendit pas ce message et poussa un hurlement de douleur : il venait de saisir à pleines mains son assiette ! On lui orna les doigts de ravissants dômes en pomme de terre : « Remède souverain contre les brûlures », avait confirmé le maître d'hôtel qui, avec toute la courtoisie orientale, avait accueilli, impavide, le torrent d'injures de ce

19

client... qu'il vouait derrière le masque du sourire, à tous les diables thaïlandais, et il sont des milliers...

L'humeur personnelle n'excluant pas le travail, le confectionneur avec qui il traitait eut quand même la surprise — hors l'importante commande passée — de le voir deux jours plus tard, tout joyeux : un fait « historique » comme on dit à la télévision.

Georges G. prit familièrement par le bras le vieil homme, un Indien, et lui murmura à l'oreille :

— Dites donc, elles sont marrantes ces petites Thaïlandaises...

Un indéfinissable sourire passa, comme un léger rayon de soleil, sur le visage de l'Indien : sans doute avait-il de bonnes raisons de savoir que ces « petites Thaïlandaises » étaient « marrantes ». Ne faut-il pas toujours faire plaisir à l'hôte, et doublement quand il peut vous rapporter beaucoup d'argent !

— Imaginez-vous qu'hier soir, j'étais à peine rentré dans ma chambre d'hôtel que le téléphone sonne. Je décroche — en pestant, croyant que c'était mon bureau de Paris — quand j'entends une jolie voix, comme un gazouillis d'oiseau, qui me dit : « Ma sœur et moi nous vous avons remarqué...nous aimons beaucoup les Français. Voulez-vous venir prendre un verre avec nous au bar ? »

Le vieil homme inclina doucement la tête :

— Une invitation faite par une jolie voix, il eût été discourtois de la refuser...

— C'est bien ce que j'ai pensé. Aussi cinq minutes plus tard à peine, je me retrouvai avec deux ravissantes filles, l'une en fourreau rose, l'autre en fourreau mauve : seule façon de les distinguer tellement elles se ressemblaient ! Après trois ou quatre verres elles me proposent de m'emmener chez elles où, disent-elles en chœur, « ce sera plus drôle qu'ici ».

Le visage de l'Indien se fit indulgent et compréhensif !

— Je me retrouve donc chez les deux mignonnes. On bavarde un peu et puis le fourreau rose va me préparer un verre... Elle avait une démarche sinueuse, lascive, comme seules les orientales en ont une et sa longue jupe fendue sur le côté à la manière thaïlandaise s'ouvrait jusqu'à la hanche. Dieu me pardonne... elle n'avait pas de culotte ! Elle avait dû l'enlever sans que je m'en aperçoive car elle n'aurait pas pu aller ainsi, à demi nue, dans un bar.

Pendant ce temps, Fourreau mauve avait mis un disque de musique lancinante, envoûtante, et allumé un brûle-parfums aux senteurs exotiques. Cela créait, avec les lumières voilées, une atmosphère à part, en dehors de la vie normale.

En silence, la première dépose devant moi un verre d'une boisson parfumée, sur une petite table, puis elle s'incline, comme elles font, mains jointes, et cette fois je ne puis avoir aucun doute : non seulement je vois sa cuisse nue, mais encore une partie du pubis. Tout ça avec le plus grand naturel !

L'autre, d'un geste lent, souple, qui faisait ressortir ses formes, ma foi fort appétissantes, s'était allongée sur une fourrure dans la pose ambiguë d'un chat qui s'interroge pour savoir s'il va griffer ou ronronner...

Je me demandais ce qui allait se passer quand elle me dit en souriant : « Vous voulez jouer avec nous ? » Et, sans attendre ma réponse elle se tourne vers sa sœur et gazouille : « Apporte vite la corde, on va bien s'amuser ! »

Je n'ai pas eu le temps de demander en quoi consistait le jeu, même pas celui d'ouvrir la bouche : elle avait pris un long cordon doré dont elle jetait un bout à sa jumelle. Elle se pencha gentiment vers moi. Dans le mouvement sa jupe s'était complètement ouverte et elle m'effleurait le visage de la fourrure de son petit con : « Tu vas être notre esclave et on va t'attacher parce que tu nous as désobéi... c'est ça le jeu ! », et sa sœur d'ajouter : « Mais d'abord, on te déshabille pour que tu ne puisses pas t'enfuir afin d'échapper au châtiment ! »

Elles riaient comme deux écolières faisant une bonne plaisanterie. Avant que j'aie pu tenter quoi que ce soit, ces petites garces m'avaient mis nu et me ligotaient à leur lit de manière que je leur présente mon dos et... mes fesses ! Le tout avec une dextérité... Impossible de délier même un doigt !

Je me demandais si je ne rêvais pas quand une caresse très précise me prouva le contraire : Fourreau rose avait enlevé sa jupe et son corsage et elle se pressait contre moi, son pubis contre mes fesses et m'encerclant de ses bras, tandis que d'une main adroite elle chatouillait ma verge.

Eh ! leur jeu n'était pas si désagréable et je commençais à y prendre goût quand je vois revenir sa sœur, nue elle aussi, mais tenant à la main une lanière de cuir, longue et souple comme un serpent.

Et, pendant que la première continuait sa caresse, j'entends le sifflement du fouet qui s'abat sur mon dos. J'avais beau crier... comme une furie, la fille me flagellait de toutes ses forces ! et, en même temps, elle m'injuriait « Tu n'es qu'un chien, le fils d'une chienne » et puis en thaïlandais des mots que je ne comprenais pas, mais que je devinais obscènes.

Je hurlai « Arrêtez, vous me faites mal, qu'est-ce qui vous prend ? » mais plus je criais plus les coups redoublaient.

Subitement, l'autre, celle qui me tenait entre ses bras, ses petits seins, comme des pommes dures, serrés contre mon dos, et ses doigts caressant adroitement ma pine, dit joyeusement à sa sœur : « Prends ma place et donne-moi le fouet ; je veux le battre à mon tour. » Elle retire sa main remplacée aussitôt par une autre tout aussi douce, mais aux longs ongles pourpres griffant subtilement mon membre, exaspérant encore mon plais.. heu, je veux dire ma souffrance ! Tandis que, de l'autre côté, la cravache à nouveau s'abattait furieusement sur moi, me fouettant jusqu'au sang... J'en ai le dos qui me brûle encore et je vais en garder les cicatrices pendant au moins huit jours !

Pourtant, son visage qui aurait dû se renfrogner à cette idée restait ravi, détendu comme cela lui arrivait bien peu souvent. Libéré.

Le marchand était aussi impavide que si Georges G. lui avait raconté qu'on lui avait offert le thé. D'ailleurs celui-ci ne le regardait même pas, tout à la jouissance de son récit.

— A la fin elles m'ont détaché et elles riaient comme deux gamines qui viennent de jouer un bon tour. Mais une minute plus tard elles ne riaient plus car c'était moi qui, prenant ma revanche, les flagellais. Attachées par les poignets à leur lit, elles m'offraient la peau dorée de leurs ravissantes petites fesses, et c'était sur elles maintenant que résonnait le claquement sec du fouet ! A leur tour de supplier : « Assez...Nous sommes vos esclaves... Nous ferons tout ce que vous voudrez, mais cessez, par pitié ! »

Pourtant, je continuai, malgré leurs cris, fouettant les fesses que rougissait la cravache, les longues cuisses dont la peau brillante comme une soie se striait de traits roses... Leurs corps sautant dans tous les sens essayaient en vain d'échapper à mes coups ! Et, croyez-moi, je n'y allais pas de main morte : la lanière sifflait, chaque fois qu'elle les cinglait, comme le serpent qu'elle m'avait paru être ! Ah ! Qu'est-ce qu'elles ont pris, les petites salopes !

Il disait le mot grossier avec gourmandise, comme un ultime régal de cette nuit incontestablement fabuleuse...

Les clés du fantasme

Georges D. est un sado-masochiste, tout le prouve et pas seulement cette nuit et ces « jeux », chacun de ses actes est empreint de cette double tendance. Il « n'entend pas » la recommandation faite par le serveur et se brûle (masochisme) ce qui lui permet d'injurier le maître d'hôtel et de gâcher (sadisme) une soirée qui promettait d'être agréable. Il arrive même à transformer en déplaisir son propre plaisir : il a envie d'aller aux Antilles mais il déchire les billets qui lui auraient donné cette satisfaction !

Il est certain qu'il ne prend de plaisir sexuel qu'à la suite d'actes sado-masochistes : il est fouetté et il fouette ! l'Indien qui connaît bien les goûts de ce gros client savait lui plaire en lui faisant téléphoner par de charmantes péripatéticiennes aptes à tous les jeux !

Les symboles

La flagellation ; le billet déchiré ; la brûlure, inconsciemment volontaire ; son autorité brutale vis-à-vis de ses employés ou inférieurs qui le détestent. Georges G. a un caractère tout à la fois actif et passif qui se révèle dans le « faire mal » et le « se faire mal ». C'est, en fait, la recherche du plaisir dans la souffrance imposée à un autre ou à soi même.

Pourquoi ?

Comment Georges G. en est-il arrivé à ce stade de perversion sexuelle ? Freud l'explique clairement : « Le désir de faire souffrir l'objet sexuel - ou la tendance opposée - est la forme de perversion la plus fréquente et la plus importante de toutes... »

C'est fréquemment dû à un souvenir de la première enfance (fessée) ; une des origines érogènes de la tendance au masochisme étant l'excitation douloureuse, mais érotique des fesses quand elles sont frappées.

Ici, très probablement, ce sado-masochisme provient-il, en partie du moins, d'un complexe d'autopunition. Georges G. se punit volontairement quoique inconsciemment quand il « détruit » ce qui lui cause du plaisir, ou qu'il ne le trouve que dans la souffrance.

La solution

Il n'y en a qu'une : une analyse ; elle lui ferait sans doute retrouver la faute originelle qui exalte ses sentiments d'agressivité.

Cas analogues

Nous sommes tous plus ou moins sado-masochistes donc...

Les agressifs, mais aussi ceux qui échouent dans tout ce qu'ils entreprennent : examens, vie conjugale, situation,... et qui renforcent successivement leurs échecs du fait de leur complexe d'autopunition.

Une femme...

— Alors docteur, vous comprenez...

Dès qu'il avait décroché le combiné téléphonique, le médecin - un chirurgien esthétique — avait su qu'il avait affaire à une femme. On ne se méprend pas sur une voix et celle-ci était légère, subtile, ni pointue ni grave ; une voix suave de mezzosoprano. C'eût été une chanteuse que le Dr P. n'en aurait pas été étonné : elle était danseuse, il l'apprit un peu plus tard.

Immédiatement, elle avait dit la phrase de toutes les femmes qui s'adressaient à lui :

— J'ai un défaut physique que je voudrais corriger...

Il avait du mal, en l'écoutant, à l'évoquer munie d'un trop grand nez ou d'un menton proéminent. Avec une voix pareille, elle ne pouvait être que ravissante... du moins était-ce ce qu'il avait pensé tout en répondant professionnellement :

— Je vous écoute, madame.

Au fait, « madame » ou « mademoiselle », la voix était tellement fraîche et jeune !

Comme Michaella D. — elle venait de lui dire son nom — avait raison, si elle avait un défaut disgracieux, de vouloir le corriger !

— Voici, c'est idiot mais... je suis affligée d'une petite pomme d'Adam — elle eut un rire cristallin — pour une femme, c'est plutôt ennuyeux, non ?

La pomme d'Adam, cette proéminence cartilagineuse du larynx, est généralement réservée aux hommes puisqu'elle fait partie de leurs attributs sexuels secondaires. Mais il arrive que les femmes en aient une — souvenir de la bisexualité de l'embryon.

— Pourriez-vous me l'enlever ?

— Très facilement, c'est une opération bénigne. Mais, auparavant, il faut que je vous voie pour me rendre compte de son importance ; puis il y aura quelques examens à faire avant l'opération.

Elle hésita :

— Des examens ?

— Oui : sang, urine, cardiogramme... les examens normaux avant toute anesthésie.

— Ah bon !

Il s'était dit qu'elle devait être encore plus jeune qu'il ne l'avait supposé et n'avait jamais dû être opérée pour avoir cette réaction — de peur, il l'aurait juré — au mot « examen ».

— Alors, voulez-vous me donner un rendez-vous ? Mais, je vous préviens : je serai accompagnée de mon mari.

Il ne s'était donc pas trompé en lui disant « madame ».

En revanche, il n'aimait pas beaucoup que ses patientes soient escortées par un membre de leur famille qui, généralement, voulait en savoir plus que le médecin lui-même.

— J'aimerais mieux vous voir seule.

— Oh, mais moi aussi, avait-elle dit joyeusement. C'est toujours gênant pour une femme de faire remarquer ses travers à son époux. Mais, vous savez, nous sommes de jeunes mariés, alors vous comprenez...

Il ne put s'empêcher de rire.

— Il vous suit partout !

— Voilà, vous avez deviné. Mais vous n'aurez qu'à lui dire de rester dans la salle d'attente.

— Parfait ! Alors, voyons, je pourrais vous recevoir...

Ils étaient aussi beaux l'un que l'autre... Lui très brun, très viril, avec ce côté un peu ombrageux des Espagnols ; elle, ravissante : une peau ambrée et dorée, d'immenses yeux, une chevelure noire qui s'éparpillait en boucles sur ses épaules : une Sud-Américaine ; elle le lui avait dit au téléphone.

L'homme s'était levé en même temps que sa femme. D'un geste courtois, mais ferme, de la main, le médecin l'arrêta :

— Madame seulement !

L'Espagnol eut un imperceptible froncement de sourcils mais il se rassit. Sa femme passa dans le bureau de consultation.

Cette ondulation des hanches, cette courbure des reins... Le Dr P. eut l'impression que c'était Carmen elle-même qui s'asseyait en face de lui, la tête fine dressée orgueilleusement. Il pensa que la jeune femme devait être métissée d'Indien.

Il crut s'être endormi quelques secondes et avoir rêvé, ou être l'objet d'une hallucination... Mais non, la voix si féminine disait :

— Eh oui, vous avez bien entendu ; il y a un an j'étais un homme et j'étais tellement malheureux d'en être un ! Ce n'était pas juste ce sexe masculin alors que tout en moi était féminin : les pensées, les gestes... Quand je voyais mon pénis j'avais envie de l'arracher... et les yeux des femmes sur ma braguette ! Je ne sais pas si les hommes s'en rendent compte, mais moi, avec mon regard de « femme » je le voyais bien : toujours, à un moment quelconque, elles m'examinaient « là » ! J'étais horriblement choqué et gêné ! On me disait : « N'as-tu pas honte de te déguiser » parce que je me servais des maquillages de maman et que je mettais ses robes, que c'était un fantasme malsain de vouloir jouer à la fille quand on est un garçon. Mais je me sentais plus à mon aise dans une robe que dans ces horribles costumes !

Elle (il ?) roucoula :

— Je suis tellement heureuse depuis que je suis devenue ce que j'avais toujours voulu être : une femme ! Et les mains jointes elle ajouta :

— La Sainte Vierge m'a bénie : quand j'ai été majeure j'ai pu me faire opérer ; ce n'est pas comme en France, dans mon pays, c'est autorisé.

Elle... Décidément cette peau douce, veloutée, qui n'avait sûrement jamais connu la barbe, impossible de penser « il » !... Michaella n'avait de masculin que cette légère pomme d'Adam.

Elle, donc, avait baissé la voix :

— Seulement voilà, j'ai rencontré Antonio en Espagne et je l'ai aimé et désiré tout de suite ; jamais je n'avais désiré une femme ! Oh, la première fois que j'ai vu son sexe je n'ai pas du tout était écœuré comme je l'avais été par le mien. Au contraire... il se dressait comme un serpent qui va danser et j'avais envie de le prendre entre mes lèvres, dans ma bouche, et l'amour physique qui me dégoûtait jusque-là a été une révélation merveilleuse. Je l'ai épousé il y a deux mois — un mariage d'amour, de passion — mais mon mari ignore ce que j'étais... avant.

Le médecin se demanda comment elle avait fait pour changer d'état civil, mais cela ne le regardait pas.

— C'est pourquoi je ne voulais pas qu'il assiste à notre entretien. Vous, docteur, vous auriez sûrement deviné la vérité en m'examinant (il comprit pourquoi « elle » avait sursauté au mot d'« examen »). Il pouvait vous échapper une parole, un geste de surprise, devant lui ! Et il me tuerait s'il savait !..

Les clés de ce fantasme

Il est on ne peut plus simple : il s'agit là non pas d'un complexe ou d'une perversion, mais d'un cas clinique : Michaella (qui devait s'appeler Michael) est, non pas un homosexuel, mais un transexuel. (Voir ce mot dans la seconde partie du livre).

Le symbole

Étant enfant, Michael fantasmait : « Je suis une petite fille » (ce en quoi il avait d'ailleurs raison) et il symbolisait ce fantasme en mettant des robes de sa mère, en jouant à la poupée et en haïssant ses organes masculins...

Pourquoi ?

Parce que l'inversion chez Michael-Michaella est congénitale. On sait maintenant que l'embryon a un sexe double. A la naissance, il arrive, plus souvent qu'on ne le croit, que le sexe ne soit pas encore bien défini et que le sexe apparent cache le sexe réel.

La solution

Il n'y en qu'une : celle employée par Michael : l'opération. Mais si elle est autorisée dans certains pays elle est interdite dans d'autres (notamment en France sauf dans des cas exceptionnels) où on la considère comme une mutilation.

Cas analogues

Tous ceux qui naissent avec un sexe qui n'est pas nettement défini et qui, par la suite, se révélera faux.

S'ils ne peuvent se faire opérer — ce qui est souvent le cas — ce sont des êtres très malheureux parce que mal dans une peau qui n'est pas la leur.

Ils n'ont rien à voir avec le « travesti » ou « travelo » de « métier » — toujours un homme — qui se sert d'une perversion pour gagner sa vie et qui, d'ailleurs, garde généralement ses organes masculins.

Un « vicieux »

Richard D. avait cet air excédé qui lui était habituel. Dans l'immense bureau tout en verrières, aux meubles ultra modernes, avec son visage chiffonné par 60 années de vie et 40 années de lutte pour devenir un homme très, très riche, il ressemblait à un petit singe.

Il regarda sans le voir le Picasso — acheté cinq semaines auparavant 8 millions à la vente de l'année. Puis son regard s'humanisa, alla presque jusqu'au sourire. Curieusement, les formes cubistes du Braque, qu'il fixait à présent, se transformaient en une très jeune femme, aux cheveux blonds, qui allaient avec son nom, Claire. Il détaillait la fine silhouette, du front, haut et lisse, aux bottes qui recouvraient le pantalon. « Elle serait beaucoup mieux avec des escarpins », marmonna-t-il... Il l'imagina : jupe courte, bas noirs, souliers à talons hauts.

Une toux discrète fit disparaître la jeune femme. Le Braque redevint un Braque. Richard D. reprit son air grognon et sa secrétaire qui venait d'entrer demanda respectueusement :

— Vous disiez, monsieur ?

— Je ne disais rien, répondit-il sèchement. D'ailleurs, que faites-vous là ?

Elle était grande, la quarantaine, chevaline, avec des souliers à talons plats de bonne sœur... mais extrêmement efficace.

— Mais... dit-elle un peu surprise, vous m'avez sonnée monsieur.

La vie redevenait normale. Très lucide à présent, tout à son travail, il affirma !

— En effet. Apportez-moi le dossier...

— Non, non et non.

— Mais pourquoi Claire ? Tu ne m'aimes pas ?

— Au contraire Pierre, c'est parce que je t'aime que je ne veux pas t'épouser. Le mariage tue l'amour. Tu n'as qu'à voir nos parents.

— Chérie, je vais être nommé sous-directeur du siège

social... c'est très important mais tu sais bien que c'est une vieille société... leur sous-directeur « doit » être marié !

Il avait 33 ans, avec un visage sympathique de jeune cadre supérieur, ce qu'il était. Il prit doucement Claire par les épaules :

— Cela ne changera rien entre nous puisque nous vivons déjà ensemble. C'est une simple formalité.

Mais la jeune femme était butée. Elle se sentait débordante de vie, prête pour toutes les aventures et ne se voyait pas en « mémé ». Certes elle aimait Pierre : beau mâle, séducteur, faisant bien l'amour et gagnant largement sa vie ! Était-ce suffisant pour lui sacrifier sa jeunesse et ce désir de tous les désirs ?

— Non, dit-elle. Et elle claqua la porte sur leur rupture.

Claire avait regagné le studio qu'elle occupait avant de partager l'appartement de Pierre. Sa main se tendit vers le téléphone, hésita... Elle savait qui elle voulait appeler : cet homme rencontré chez des amis, Richard D. Bien âgé pour les 22 ans de Claire, mais une fortune immense... et pas d'épouse : Un célibataire endurci !

Célibataire peut-être, mais sensible en tout cas aux jolies femmes : cour discrète, un peu désuète — « comme lui », avait-elle pensé ironiquement. Au moment de partir, il lui avait murmuré : « Un mot et tout ce que j'ai est à vous. Tout ce qui peut vous plaire, vous tenter, vous l'aurez : bijoux, voyages, yacht... »

Certes, c'était Pierre que Claire aimait, mais..., pourquoi justement avait-il fallu, le lendemain de cette rencontre, qu'il lui parle de mariage ! Elle frappa rageusement du pied et scanda à voix haute pour mieux se convaincre : « Non, non non... » Puis, sans plus hésiter, elle fit le numéro de téléphone que lui avait donné Richard D. « Ma ligne personnelle », avait-il dit avec un discret sourire.

— C'est drôle, je pensais justement à vous.

— ...

— Voyons. Voulez-vous demain soir ? Nous pourrions dîner chez Maxim's et ensuite finir la soirée dans une boîte de nuit que j'aime bien.

Claire sourit : le restaurant et la boîte de papa ! Mais après tout, cela valait mieux que de lui proposer de but en blanc son appartement, ou, pis, sa garçonnière. Et puis pour une fois, le rétro ça l'amusait. Elle aurait vite fait ensuite de mettre Richard D. au pas.

Elle s'aperçut qu'il continuait à parler :

— ... Oui, que voulez-vous je suis un peu démodé : j'aime les femmes très féminines, en robe, avec des talons hauts, des bijoux, des fourrures.

Elle rit :

— La robe d'accord, moi aussi j'aime bien m'habiller pour sortir, quelle femme n'aime pas ? mais pour les bijoux...

Il la coupa :

— A votre âge, bien sûr ! mais vous en aurez très vite si...

Rapidement, sur un autre ton — sans doute sa secrétaire venait-elle d'entrer car il dit : « Donnez-moi ce dossier » —, il ajouta :

— Alors, à demain, vingt heures trente.

Le cabaret était sombre et plus sombre encore le coin où le patron, souriant, les avait conduits.

— Votre table, cher ami, vous voyez qu'elle vous attend toujours.

Une bouteille de champagne, deux coupes... le vin y pétillait pendant que, discrètement, le sommelier s'éclipsait.

Richard D. tendit à Claire un minuscule paquet.

— Un petit souvenir pour fêter notre rencontre.

Elle rosit de plaisir. Quelle femme ne reconnaîtrait un écrin de Cartier ? Et, ouvert, la bague qu'il révélait, sans être un bijou de grand prix, était déjà bien jolie.

Qu'allait lui demander cet homme, en échange ? « Pas ce soir, pas la première fois », pensa-t-elle avec une inquiétude qu'il dut ressentir car il dit avec beaucoup de gentillesse :

— Je suis un insomniaque, alors j'aime bien rester long-temps ici, cela raccourcit mes nuits, mais si vous désirez partir plus tôt, mon chauffeur vous raccompagnera chez vous.

Rassurée, Claire fut sensible à tant de prévenances. Les hommes d'un certain âge — elle regarda la bague qui brillait à son doigt — avaient bien des avantages !

Il remplit à nouveau leurs coupes. Aimerait-elle passer le

Carnaval à Rio ? Il devait y aller pour ses affaires... si elle voulait l'accompagner ?...

Il avait su créer un climat rassurant, agréable, où rien ne pouvait laisser place à l'équivoque quand il lui murmura à l'oreille :

— Passez-moi votre chaussure.

Aussi, machinalement, sans comprendre, défit-elle l'escarpin qu'elle portait pour le lui tendre. Avec une seconde de retard elle se demanda pourquoi cette bizarre demande.

Elle le sut immédiatement : tête plongée à demi sous la table, il léchait avec avidité le soulier. Elle eut l'impression d'une bête répugnante.

Claire, maintenant, regardait, dégoûtée, horrifiée : Richard D. avait les yeux exorbités, sa main tremblait... Il ahanait de plaisir, tout en balbutiant :

— Caressez-moi la bitte, mon enfant, comme ça... sur mon pantalon..., mettez votre jolie petite main... comme une vraie pute !

Il devait jouir à employer, lui si distingué, ces mots orduriers, obscènes :

— Caressez-moi et tout à l'heure, sous la table personne ici n'y fera attention — vous déferez ma braguette et vous me sucerez longuement, pendant que moi je lécherai votre escarpin ! Rien d'autre... je ne vous demanderai jamais rien d'autre !

Un haut-le-cœur... Claire vit-elle ou crut-elle voir le barman qui lui souriait, complice... Les mœurs de ce riche client devaient être connues.

D'un coup sec, elle arracha sa chaussure à l'homme qui grogna comme un chien défendant son os. Il la regardait, la bouche ouverte de convoitise, essayant vainement de lui reprendre l'escarpin.

A cloche-pied, elle s'enfuit, bousculant les couples qui dansaient, ne voyant rien, n'écoutant rien... n'ayant qu'une envie, qu'une hâte : ne plus jamais revoir ce vicieux... jamais !

Les clés de ce fantasme

Pour Claire, Richard D. est un « vicieux ». Plus exactement c'est ce qu'on appelle en psychanalyse un « fétichiste ». Il a remplacé totalement le sexe féminin par un substitut : un objet fétiche qui en est devenu le symbole : les souliers de femme.

De plus il est exhibitionniste : ce n'est pas chez lui qu'il emmène Claire (ce qui lui serait facile puisqu'il est célibataire) mais dans un lieu public !

Bien sûr, il fait sombre, Richard se dissimule à demi sous la table, mais des gens passent à côté de lui, le frôlent, se doutent bien qu'il se passe à cette table quelque chose d'anormal. Il est certain que, seuls, les gros billets qu'il laisse dans ce cabaret élégant l'y font recevoir.

Cette demi-complicité augmente encore son excitation qui, si Claire avait fait ce qu'il lui demandait, aurait été jusqu'à l'orgasme sans qu'il touche la jeune femme. Chez cet homme - ce qui n'est pas le cas pour tous les fétichistes — le substitut (la chaussure) a complètement pris la place de l'objet réel : le sexe féminin. (Voir « Chaussure » dans la seconde partie de ce livre).

On a vu qu'il n'avait jamais été marié ; c'est compréhensible : la vie avec une femme normale qui n'aurait sûrement pas poussé la complaisance jusqu'à satisfaire les « bizarreries » de son époux était impossible. D'autant plus que, « normalement », Richard D. est presque sûrement impuissant.

Le symbole

Les chaussures, évidemment ! — Le Prince de Galles, à la fin du siècle dernier, buvait son champagne, chez Maxim's, dans le soulier de la Belle Otéro ! C'est un fétichisme dont on pourrait presque dire qu'il est « classique ».

Encore s'agit-il de souliers bien spéciaux : Richard D. ne fantasme que sur ceux à talons hauts (symbole du phallus). Les bottes, les talons plats ne lui suggèrent rien, et même l'agacent.

Pourquoi ?

Difficile de dire ce qui a produit cette perversion grave chez Richard D. Mais c'est très probablement dû à une fixation sur une image enfantine à une époque où la sensualité chez l'enfant est extrêmement développée (vers la quatrième année d'après Freud).   Peut-être, comme beaucoup d'enfants, prenait-il plaisir à déchausser sa mère et à lui apporter des chaussures de maison. A-t-il dans un mouvement puéril embrassé le soulier de sa maman : geste affectif, qui a déclenché alors en lui son premier plaisir sexuel. Il ne s'en souvient sûrement pas (amnésie infantile) mais son subconscient, lui, a fixé pour toujours ce souvenir, et, pour jouir, il lui faut le retrouver.

La solution

Au stade où en est arrivé Richard D. il n'y en a pas ou plus. Seule une analyse aurait pu le guérir de cette déviation perverse mais, à 60 ans, il est un peu tard pour aller consulter un psychanalyste.

Cas analogues

Tous ceux qui fantasment sur les bas noirs, les porte-jarretelles, les slips, etc.., n'importe quel objet ayant plus ou moins un rapport avec le corps et le sexe féminins. Ils exigent que la partenaire le porte ou l'en séparent totalement.

Le fétichisme existe aussi chez la femme mais il est beaucoup moins fréquent. Il est souvent chez elle l'indice de la frigidité.

Père et mère

— Mais enfin, je ne connais personne de plus heureux que toi : tu es riche, tu es célèbre, tu as plus encore, l'amour... et celui d'un être exceptionnel ! Alors, de quoi peux-tu te plaindre ?

— Je n'ai pas d'enfant. Je donnerais tout pour en avoir un !

— Écoute, ce n'est quand même pas une impossibilité ?

— Si. Tu ne peux pas comprendre...

— Mais si ! Alors, adoptes-en un !

— Non. Quand je dis que tu ne me comprends pas, j'ai parfaitement raison. Ce que je voudrais : c'est le porter ! Le sentir remuer dans mon ventre, être une partie de moi. J'offrirais dix ans de ma vie pour ces neuf mois ! Vois-tu un enfant ce n'est « votre » enfant que si vous l'avez créé en vous. Enfin toi qui as pu le faire, tu dois bien le savoir !

Elle eut un geste à la fois de compréhension — elle était mère — et d'incompréhension ; pour un fantasme c'en était un, qui dépassait les plus incongrus. Tristan était beau comme un dieu, comme ce Tristan de la légende que, si souvent, il avait incarné sur les scènes les plus renommées, mais... il était homme !

Homosexuel, il avait pour ami un homme un peu plus âgé que lui ; philosophe aussi connu, dans son genre, que Tristan dans le sien, ils se complétaient parfaitement, s'aimaient profondément et cela depuis des années ; une union faite pour durer très longtemps, peut-être jusqu'à la fin de leur vie. Et, tous deux, bien dans leur peau, étant d'accord avec Freud pour trouver l'homosexualité normale.

Sans complexe, semblait-il, jusqu'à ce jour où Tristan s'était laissé aller à dire à son amie intime — une hétéro-sexuelle, mère d'une petite fille dont il était le parrain — « sa » vérité.

Et elle ne savait que lui dire pour le consoler, car le visage bouleversé de l'homme disait bien que ce fantasme, qui aurait pu sembler burlesque à quelqu'un d'autre, lui prouvait, à elle qui le connaissait bien, la véracité de ce qu'il venait d'avouer.

Que son enfant, on veuille le porter en soi, qu'il soit une

partie de votre chair, elle le concevait parfaitement pour l'avoir ressenti quand elle était enceinte. Elle sourit doucement en évoquant ce moment merveilleux où elle avait senti, pour la première fois, sa fille remuer en elle.

Mais la pensée que quelqu'un d'autre qu'une femme pût ressentir cette émotion intense ne l'avait jamais effleurée. C'était là le domaine, l'apanage exclusif de la femme.

Oh oui, elle le comprenait ce désir d'être mère ! Mais, avec l'égocentrisme de la femelle, elle ne réalisait pas comment un homme pouvait avoir cette même envie, elle en était presque jalouse ! Mais surtout, dans son amitié, elle plaignait Tristan.

— Paul, regarde..., mais lis voyons..., c'est possible, tu entends, tu comprends, possible !

La main qui tenait le journal, la belle main fine mais masculine de Tristan tremblait.

Paul haussa doucement les épaules :

— Les journaux, tu sais...

— Mais celui-ci est sérieux, le plus sérieux de tous... Ce n'est pas un journal à scandales, ni un hebdo du cœur !

— Justement...

Il lisait par-dessus l'épaule de son ami :

— Il écrit : « C'est possible », plus exactement, « Ce sera possible »... Quand ? Il y a tellement de projets scientifiques qui restent à l'état d'expériences ! Ne te leurre pas, mon chéri !

Mais rien ne pouvait détourner Tristan de son fantasme.

— Mais, vois : c'est un des plus grands biologistes français qui l'affirme... Il est spécialiste des techniques artificielles de reproduction. L'un des deux savants à l'origine des bébés-éprouvettes et des bébés issus des embryons congelés !

— Il dit qu'un homme « pourrait » avoir un enfant... Il ne cite pas le cas d'un homme attendant un enfant !

— Non. Mais il affirme : « Si on le voulait vraiment, on pourrait réaliser cet exploit aujourd'hui même ! » si on le voulait... Mais moi je le veux tellement !

Tristan regardait son ventre avec cette ardente expression de joie et de sollicitude d'une mère qui attend un bébé. Il bégayait presque :

— Je pourrais avoir un enfant !

Derrière lui, Paul, le « mâle » de leur couple, affichait une expression déconcertée. Il connaissait, bien sûr, de réputation, le biologiste... mais était-ce réellement pour demain ? Un enfant ? Ce n'était certes pas son fantasme à ce disciple de Foucault ! mais si cela pouvait rendre Tristan heureux...

La clé de ce fantasme

Elle n'est pas cachée. On la voit tout de suite : Tristan est un de ces hommes, homosexuel ou — eh oui ! — hétérosexuel — qui sont beaucoup plus nombreux qu'on ne l'imagine, à fantasmer sur la « grossesse masculine ».

Le symbole

Ici, il n'y en a pas : c'est l'enfant, donc la réalité qui s'exprime en termes clairs et non sous la forme d'un symbole.

Pourquoi ?

Parce que la bisexualité qui existe en tout être humain — l'embryon est bisexuel, ne l'oublions pas — a chez ces hommes un apport féminin plus important que la normale. Tristan est le côté féminin de ce couple masculin. Et c'est l'importance de sa sexualité féminine qui s'exprime en lui, par ce qui est proprement féminin : engendrer.

Un fantasme avant tout biologique, auquel n'avaient certes pensé ni Freud, ni Jung, ni Abraham, ni même Lacan ! Ici la psychanalyse cède la place à la biologie et... cela ne lui plaît pas ! Elle est férocement contre cet homme porteur d'enfant et prétend que ce fantasme tout nouveau est dû à une castration imposée par la société.

Le plus extraordinaire, semble-t-il à première vue, c'est qu'il y ait plus d'hétérosexuels que d'homosexuels qui désirent être « enceints ». Il y a à cela deux causes :

— Leur femme est stérile et ils acceptent volontiers — si ce n'est avec plaisir — de prendre sa place pour qu'ils aient un enfant, préférant cela, qui leur semble plus « normal », que d'avoir un bébé in vitro ou de s'adresser à une « mère-porteuse ».

— Un homme peut très bien avoir gardé de sa bisexualité

embryonnaire un apport féminin qui ne l'empêche pas d'être hétérosexuel, mais lui donne des sentiments proches de ceux d'une femme. D'où son désir latent d'engendrer.

Il y a peut-être... une autre cause : à l'époque où la femme se révèle être l'égale de l'homme dans toutes ses activités, l'homme ne désirerait-il pas aussi (justement pour ne pas se considérer « castré ») être l'égal — en tout — de la femme ?

La solution

Ce fantasme fort à la mode chez les hommes d'aujourd'hui (21 % considèrent que ce serait un progrès) est-il réalisable ? Jacques Testard, qui est, avec le Pr René Frydman, à l'origine des procréations artificielles est formel : « Oui ! ». A cette affirmation il apporte trois preuves :

— ni la trompe, ni l'ovaire, ni l'utérus ne sont obligatoires et l'embryon peut se développer hors de la matrice (grossesses abdominales) ;

— on peut maintenant faire se rencontrer l'ovule et le spermatozoïde en éprouvette — donc hors le corps humain — et ensuite transplanter l'embryon ;

— on peut assurer les régulations hormonales obligatoires par injection.

Ajoutons que l'homme a des mamelles, tout comme la femme. Il est probable que s'il était « enceint » elles se développeraient à la manière des seins féminins et qu'il pourrait allaiter.

Le biologiste Jacques Testart a même trouvé l'endroit idéal pour abriter l'embryon : les bourses, dont le tissu est extensible (ce qui permettrait des jumeaux).

Cas analogues

Des homosexuels mais aussi certains hétérosexuels pour les raisons précédemment dites.

La petite fille

— Ravissante votre petite fille ! — quelle jolie enfant...

C'était la première fois que ce voisin de campagne était invité chez Albert Dupin. Ils s'étaient rencontrés au tennis et après quelques parties, ce dernier avait dit : « Venez-donc prendre un verre à la maison, cela nous permettra de faire plus ample connaissance. »

— Je ne savais pas que vous étiez marié.

Albert eut un curieux sourire en coin, légèrement ironique :

— Eh oui... comme vous avez pu le constater.

— Et quel âge a votre fillette, 10 ans-11 ans ?

La petite s'était éclipsée au début de la conversation, échappant d'un mouvement agacé à la paternelle caresse du voisin : « Moi aussi j'ai deux enfants. » Ses longs cheveux blonds flottant au vent, elle revenait, chargée d'un plateau supportant verres et apéritifs.

— ... Plus quand même, dit Albert Dupin. Au fait je vous présente ma femme, Elyette. Il avait posé sa main sur les épaules de l'« enfant »... Elle est très jeune, mais elle a quand même plus de dix ans... 19 exactement ! — nous sommes mariés depuis un an.

Il y a des gaffes irrémédiables !

1 mètre 48 !... Elyette avait beau avoir des traits fins, un corps parfait, il n'en était pas moins vrai qu'à 18 ans elle avait la taille d'une fille de 10 ans : l'âge auquel elle s'était subitement arrêtée de grandir au désespoir de ses parents, à la stupeur des médecins qui avaient — en vain — essayé tous les traitements endocriniens : « A la limite du nanisme », avaient-ils constaté courtoisement. A l'extrême limite en vérité. A chaque fois qu'une nouvelle relation la traitait comme l'enfant qu'elle paraissait, c'était pour la jeune fille une nouvelle crise de désespoir... tant et si bien que ses parents avaient fini par ne presque plus voir personne, sinon des intimes au courant de « leur malheur ».

Car malgré sa taille Elyette était bel et bien une jeune fille fort normalement constituée physiquement et moralement... « Sauf cette taille qui rend tout mariage impossible » chuchotait sa mère désespérée, dans le dos d'Elyette. Comme si celle-ci ne le savait pas ! Alors qu'elle souhaitait tellement être une femme normale, connaître l'amour que son corps réclamait.

— Jamais, jamais... sanglotait-elle dans son lit virginal qui risquait fort de le rester !

Et puis ç'avait été l'effarement, l'incroyable ; le « Ce n'est pas possible, ce n'est pas vrai, je rêve »... Son père avait invité un de ses collègues, avocat comme lui. A son habitude, Elyette avait voulu rester enfermée dans sa chambre, ne pas voir cet inconnu qui allait encore la prendre pour une gamine ! Pour une fois, son père s'était montré inflexible.

Il sait que j'ai une ... fille de 18 ans (il avait failli dire une « grande fille »), il ne comprendrait pas pourquoi tu ne dînes pas avec nous.

Mᵉ Dupin, la quarantaine, grand, la prestance et le physique des avocats d'assises, n'avait pourtant nullement semblé étonné de la taille de la jeune fille. « Papa a dû le prévenir », pensa-t-elle, et il avait traité Elyette comme tout homme qui voit une jolie fille et qui est — mais oui ! — troublé par cette beauté.

Après son départ, les parents d'Elyette s'étaient regardés, avaient regardé la « petite » Elyette et la mère émue avait murmuré :

— Je crois bien que notre fille s'est trouvé un amoureux !

— Oh ! je t'en prie avait dit Elyette, ne te moque pas de moi.

Pourtant, les sanglots habituels avaient fait place à un sourire hésitant.

Quinze jours plus tard, Albert demandait Elyette en mariage.

— Sa taille... avait balbutié le père qui n'arrivait pas à concevoir l'inconcevable... Vous savez qu'elle ne grandira plus !

Mᵉ Dupin avait eu un rire franc :

— Je m'en doute et je m'en réjouis ! N'est-ce pas un miracle, cette femme-poupée, non seulement exquise mais si merveilleusement proportionnée. Je vous assure qu'il m'est absolument indifférent qu'elle ne soit pas plus grande.

Cela ne lui était pas du tout indifférent...

Ils revenaient de leur voyage de noces, une vraie « lune de miel », presque démodée, à Venise, et Elyette trouvait enfin — ce qu'elle n'avait jamais espéré — un appartement bien à elle : « son appartement », « son mari »... Elle était devenue une femme normale et, dans l'éblouissement du bonheur, elle en oubliait sa petitesse puisque l'homme qu'elle aimait et qui l'aimait n'y faisait pas attention !

Ce fut le soir même de leur arrivée qu'il la mena devant une armoire :

— C'est une surprise pour toi, dit-il d'un ton mystérieux, ouvre ma chérie.

Intriguée, Elyette ouvrit la porte. Devant elle il y avait toute la garde-robe d'une fillette un peu démodée : pas de jeans ni de tee-shirt, mais des robes à bouillonnés, des ruchers, des rubans, et des culottes de coton « Petit Bateau », des chaussettes blanches, des souliers vernis noirs...

Elle restait là, immobile, médusée, ne comprenant plus : pourquoi cette méchante moquerie ?

De grosses larmes, lentement, coulaient sur ses joues.

Mais déjà Albert la prenait dans ses bras, la soulevait pour amener ses lèvres à la hauteur des siennes, balbutiait :

— Ma petite fille... Oh, ma petite fille !...

Jamais elle ne l'avait vu ainsi et, subitement, il lui faisait presque peur. S'en aperçut-il ? Il la reposa doucement par terre, la prenant, malgré son recul, par la main pour la ramener devant l'armoire :

— C'est pour nous deux, uniquement pour nous deux. Jamais pour les autres ! Chérie, pour moi tout seul, mets une de ces robes... Oh ! je t'en supplie.

Maintenant, sans que, stupéfaite, elle pût s'en défendre, demander une explication, il la déshabillait rapidement, avec des gestes nerveux, saccadés... Interdite, Elyette se retrouvait habillée comme une petite fille d'autrefois !

Et puis, subitement, prenant conscience de tout ce que cela avait de fou, elle se mit à hurler. Alors il l'attrapa, la prit sous son bras, baissa la culotte Petit Bateau tout en disant, haletant :

— Oh ! la vilaine, vilaine petite fille... je vais être obligé de lui donner une fessée !

Et il frappait les mignonnes fesses, balbutiant :

— Oh ! son petit cul est tout rouge... Pauvre petit cul ! Tiens, il faut que je l'embrasse, il me fait trop de peine, ainsi meurtri.

Il embrassait les rondeurs qu'il venait de battre, avec autant de jouissance qu'il avait mis à les frapper, en mordillant la chair ferme, délirant presque :

— Et son petit conin de fillette je le frapperai aussi pour lui apprendre...

Il donna — une caresse plutôt — un léger coup sur le joli mont de Vénus que recouvrait, capiteuse, la blondeur d'une toison de femme.

Il s'arrêta quelques secondes pour murmurer, à l'oreille de son épouse :

— Tu sais si tu voulais me faire vraiment plaisir, tu t'épilerais complètement. Comme un sexe de petite fille !

Elyette ne l'écoutait pas, se débattant, affolée, refusant tout à cet inconnu qui n'était, qui ne pouvait être son mari ; et le vouvoyant lui dit :

— Non... non ! laissez-moi !

Et elle essayait de lui échapper. Mais il l'en empêchait, la tenant fermement, cette dérobade l'excitant plus encore, et il la refrappait :

— Méchante, méchante enfant... La fessée, c'est tout ce que tu mérites, puisque tu ne veux pas m'obéir !

La clé de ce fantasme

La pédophilie : Albert est un pervers qui aime sexuellement les enfants.

Les symboles

La nanisme d'Elyette qui lui donne la taille et les proportions d'un enfant ; les robes de petite fille ainsi que la lingerie (les culottes Petit Bateau, les souliers vernis, et les chaussettes des enfants de la génération précédente). N'oublions pas que Me Dupin a vingt ans de plus que sa femme.

Pourquoi ?

Il est bien difficile de savoir d'où provient cette perversion d'Albert Dupin... On peut imaginer que, bébé, il a vu son père donner ainsi une fessée à sa sœur, et que l'émotion qu'il a ressentie a provoqué une érection. La période de latence qui a suivi a effacé ce souvenir. Mais le subconscient d'Albert en a gardé l'impression ; d'où par la suite le désir de retrouver cette jouissance.

La solution

Il est probable que toute sa vie, tant par conscience morale que par crainte (il est avocat et mieux que personne placé pour savoir ce que risque de lui coûter cette dépravation !), Me Dupin a lutté contre cette perversion. Cette naine ravissante aux proportions enfantines lui donnant l'imaginaire sentiment qu'il fait l'amour avec une petite fille a été pour lui une solution idéale. De plus, comme il arrive assez fréquemment dans ce genre de perversion, un léger sadisme — nettement infantile : la fessée ! — vient encore ajouter à cette substitution.

Il est évident qu'il y aurait une autre solution : une analyse ! Mais Albert Dupin, qui étant donné son niveau de culture n'était sûrement pas sans le savoir, n'a pas voulu s'y soumettre par lâcheté, ou parce que, inconsciemment, il se refusait à renoncer à cette perversion.

Cas analogues

Ils sont hélas beaucoup, beaucoup plus fréquents qu'on ne le croit : chez les homosexuels pédérastes qui recherchent les garçons impubères mais aussi chez les hétérosexuels (hommes comme femmes). Il suffit d'avoir lu quelques reportages ou vu quelques émissions sur le « marché des enfants » dans le monde, pour en être convaincu.

Le bébé

Me D. passa une main affectueuse sur les beaux cheveux de sa femme :

— A ce soir, ma chérie.

Sa fille, quatre ans, son fils, six ans, se jetèrent dans ses jambes.

— Papa, papa tu nous rapportes des bonbons...

Il se mit à rire, les prit tous les deux dans ses bras.

— Si vous avez été sages et si votre maman est d'accord...

— Meilleur père et meilleur époux que le notaire, il n'y en a pas, confia la pharmacienne à une cliente qui l'approuva.

Suivi par le regard amical des deux femmes, Me Jean D. traversa la place de cette petite ville provençale, se dirigeant vers sa voiture.

Tous les samedis, son étude fermée, le notaire allait voir à domicile des clients, trop isolés ou trop âgés pour se déplacer.

Du moins était-ce ce qu'il disait ! Et qui aurait mis en doute la parole de Me D., la quarantaine sérieuse, père de famille, époux et notaire estimé de tous...

Une heure plus tard il arrêtait sa voiture devant une maison bourgeoise, dans une rue discrète du chef-lieu.

A son coup de sonnette une femme en blouse blanche vint lui ouvrir. A peu près du même âge, sinon plus âgée que lui, grande, assez forte, avec une majestueuse poitrine.

— Bonjour monsieur Jean, si vous voulez passer par ici.

Elle lui montrait une porte, et, sans plus s'occuper de lui, entrait dans une pièce voisine. Une nursery sans doute car, près d'un divan où trônait un ours en peluche, se trouvaient tous les accessoires pour la toilette d'un bébé : langes et talc voisinant avec des joujoux pour le premier âge. Quelques minutes s'écoulèrent puis derrière une porte de communication, il y eut comme des pleurnicheries, tandis qu'une voix de fausset gazouillait :

— Nounou, Zeannot veut entrer...

La femme alla ouvrir la porte : assis par terre, vêtu seulement d'une brassière et d'une petite culotte, Mᵉ D. disait en montrant celle-ci :

— Zeannot a fait pipi...

La femme gronda :

— Oh le vilain bébé... Il ne pouvait pas demander le pot... Il va avoir une fessée.

Mᵉ D. sanglota :

— Non... pas fessée...

— Si... si, tu vas avoir une fessée et ensuite je te changerai.

A quatre pattes, monstrueux nourrisson, le notaire se dirigeait, en reniflant ses larmes, vers le divan.

La femme, avec des gestes maternels, l'aida à y grimper et à s'y installer, jambes écartées sur les langes mouillés. Elle enleva la petite culotte humide et lui assena sur les fesses deux fortes claques qui le firent crier :

— Méçante, méçante nounou !

— Et maintenant je vais laver bébé et lui mettre des langes propres.

Sur le divan Jeannot gigotait des bras et des jambes en riant et en poussant des petits cris de plaisir tandis que la femme le lavait, le talquait, chatouillait son « gros bébé », embrassait adroitement son membre qui se dressait... et n'était pas du tout celui d'un nourrisson. Elle s'apprêtait à le langer... mais bébé agrippait de ses deux mains le corsage de sa nounou qui cédait, laissant le passage à un sein rebondi. Il tétait gloutonnement l'obligeant téton... tandis qu'en même temps une érection violente le faisait éjaculer dans la main féminine qui caressait son pénis.

Une heure plus tard, Mᵉ D. sortait, souriant et apaisé, de la discrète maison où il se rendait tous les samedis après-midi.

La clé de ce fantasme

La première période de sexualité se situe chez l'enfant dès sa naissance et continue, avant de régresser, jusqu'à deux, trois ans, puis tombe dans l'oubli. L'enfant n'en garde, « en apparence » aucun souvenir, mais, en fait, cette période subsiste dans son subconscient.

Cette sensualité primaire, qui a fortement impressionné l'inconscient de Me D., rentre dans le cadre des perversités. Sans qu'il s'en rende compte, car il l'a refoulée au plus profond de lui-même, elle est devenue un fantasme vers lequel tend sa pulsion sexuelle, au point qu'il a absolument besoin de la retrouver.

Me D. se « libère » en s'y laissant aller et évite ainsi un « refoulement » qui serait bien plus grave !

Le symbole

Tout ici est — sans déguisement — symbolique du « bébé » : la nourrice, les joujoux, l'ours en peluche, les langes...

Pourquoi ?

Certaines excitations dues au hasard, ne serait-ce que les lavages et soins de propreté ; ou par la faute d'une nourrice qui se plaisait à le caresser — cela arrive plus fréquemment qu'on ne le croit — ou simplement par la « succion » du sein qui est déjà une manifestation sexuelle ainsi d'ailleurs que le « chatouillement »... Me D. a-t-il eu sa première érection et surtout son premier plaisir alors qu'il n'était encore qu'un bébé ?

C'est en recréant autour de lui l'atmosphère dans laquelle a eu lieu cette révélation que Me D. tente, sans le savoir, de retrouver le plaisir qu'il a découvert.

La solution

Se faire « analyser » ? A quarante ans c'est un peu tard... Et puis, « bon père, bon époux », les samedis de Me D. ignorés des siens lui apportent une stabilité qui lui permet d'être cet homme tranquille qui fait le bonheur de sa famille. Alors...

Freud a écrit : « Chez aucun individu normal il ne manque un élément qu'on peut désigner comme pervers, s'ajoutant au but sexuel normal. »

C'est bien le cas ici.

Cas analogues

Les hommes qui se déguisent avec des barboteuses, des pantalons courts, etc. pour assouvir un besoin sexuel.

Poste restante

A travers le guichet l'employée tendit une lettre.

L'homme en face d'elle — 35 ans, beau garçon, œil vif, visage souriant — la prit vivement : regarda avec un plaisir évident la suscription :

Monsieur Charles Mater
Poste restante
Lauris

Il dit à demi-voix, heureux :

— C'est de ma femme...

Un petit bureau de poste dans le Midi où il n'y avait qu'eux deux. La postière avait le temps et l'envie de bavarder.

— Elle vous écrit souvent !

Il y avait trois semaines à peu près qu'elle voyait tous les jours ce M. Mater. Il n'était pas du village, ça elle en était sûre car elle ne l'avait jamais vu auparavant. De lui-même il donna l'explication. Perspicace, il avait sans doute deviné la curiosité de la postière :

— Je suis représentant et actuellement je fais votre région. Comme je loge, selon les endroits où je me trouve, dans un hôtel ou un autre, alors il est plus pratique qu'elle m'envoie ses lettres poste restante ! C'est ce qu'elle fait chaque fois que je suis en tournée.

La préposée aquiesça avec un sourire chaleureux.

— C'est agréable pour vous qu'elle écrive si souvent... vous vous sentez moins seul comme ça. Sans indiscrétion, il ne doit pas y avoir longtemps que vous êtes mariés ?

— Eh, quand même, cinq ans déjà !

Il se dirigeait vers la porte tout en décachetant la lettre. Elle lui cria, maintenant qu'elle le connaissait :

— Au revoir, monsieur Mater, peut-être à demain.

Il eut un geste aimable vers elle.

Dehors, le soleil éclairait l'ocre des vieilles maisons. Tout en marchant Charles avait tiré la lettre de son enveloppe. Il y avait comme un nuage de bonheur mélancolique sur son visage quand il commença à lire :

« *Mon amour,*
Comme tu me manques, jamais tu n'avais été aussi loin de

moi... de ta Laurence qui t'aime, qui continue à t'aimer bien que nous soyons séparés l'un de l'autre... »

Comme, sa tournée faite, le représentant rentrait à l'hôtel, le téléphone sonna. Il décrocha vivement : une voix tendre retentit dans le récepteur :
— C'est moi, mon chéri, comment vas-tu ? Ton père et moi nous inquiétons....
— Ça va, maman !
— Ne me raconte pas d'histoire : à ta voix je sens bien que tu es triste et malheureux... Ce n'est pas à une mère qu'on peut cacher ça !
Il haussa un peu les épaules :
— Tu ne crois pas qu'il y a de quoi ?
— Je sais mon petit, je sais... Mais il y a trois mois maintenant que Laurence est morte... Il faut que tu apprennes à oublier.
— Ça, jamais !
La colère et la douleur transformaient la voix de Charles.
— Pour moi, c'est comme si elle était toujours là, nous sommes simplement éloignés l'un de l'autre. Cela arrivait souvent dans mon métier. Elle m'écrivait tous les jours, tu sais ! Heureusement que je suis en tournée...
Il déchargeait son cœur.
— Je peux m'imaginer qu'en rentrant à Paris, je vais la trouver qui m'attend, comme toujours...
Il eut un rauque sanglot d'homme.
— Tu sais bien... soupira la mère compatissante.
— Oh oui ! je sais que je me raconte des histoires, mais cela m'aide à supporter...

Il s'assit à son bureau, inscrivit d'abord sur une enveloppe :
Charles Mater
Poste restante
Lauris
Puis il commença à écrire :« *Mon mari chéri, comme tu me manques...* »
Demain, en faisant sa tournée, il la mettrait dans une boîte aux lettres, et dans deux jours il irait à Lauris chercher une lettre « de sa femme ».

La clé de ce fantasme

Charles fantasme sur sa femme qu'il veut imaginer vivante. Il n'est pas le moins du monde fou, comme on pourrait le penser, car il sait très bien que Laurence est morte. Mais ce fantasme l'aide à supporter son deuil. A sa manière, il panse ainsi sa blessure.

Le symbole

Les lettres qu'il écrit et qu'il va chercher à la poste comme s'il s'agissait réellement des lettres de son épouse. Il s'agit là de ce qu'on nomme, en psychanalyse, le « travail de deuil ». (Voir « Deuil » dans la seconde partie du livre).

Pourquoi ?

Parce que sans ce fantasme, ainsi qu'il le dit lui-même, il ne supporterait pas cette mort qui l'entraînerait vers un état suicidaire. C'est sa rebellion contre ce deuil qui fait agir Charles comme si Laurence existait toujours.

La solution

C'est le temps qui la donnera. Après un processus mélancolique, elle viendra d'elle-même : peu à peu l'ombre de Laurence s'estompera et, avec elle, le chagrin de Charles. Il redeviendra libre, disponible même pour un autre amour.

Cas analogues

Ceux qui perdent un être cher : mari, épouse, père, mère, enfant... ou encore, moralement, un idéal. Également ceux que la vie sépare sans qu'il y ait décès : la rupture d'un lien amoureux par exemple.

La fourrure

Edwige entra dans le café-restaurant, surpeuplé comme tous les jours à cette heure du déjeuner : les journalistes d'un hebdo du coin l'envahissaient, mur de béton auquel se heurtaient quelques personnages du Faubourg-Saint-Honoré, côté mode : directeur d'une petite maison, ou première vendeuse d'une grande. Parfois s'y faufilait pour un café hâtif, un manteau jeté sur sa blouse blanche, un mannequin aux traits stylisés par la mode.

Mais la jeune femme qui venait d'entrer était autre. Au point que, quelques secondes, le bruit tomba, se bornant à un bourdonnement, et les regards étonnés des hommes la suivirent. Elle était très belle certes et son vison était magnifique, mais elle avait quelque chose d'autre : une classe qui ne s'acquiert que lorsqu'on est né dans un milieu privilégié. Et sa fourrure était comme elle, supérieure à toutes... Un vison sauvage dont le prix s'était sûrement calculé avec beaucoup de zéros.

Les conversations reprirent. La jeune femme s'était assise avec une grâce parfaite à une petite table de coin où un homme d'une quarantaine d'années, grand reporter du journal voisin, l'attendait, un carafon de rouge, bien entamé, devant lui.

— Je suis en retard, dit-elle.

Il lui sourit, un peu distraitement :

— Mais non, c'est moi qui étais en avance.

Il lui tendit la carte :

— Choisissez...

Ils en étaient au dessert quand elle se pencha vers lui :

— Devinez ce que j'ai sous mon manteau ?

Une robe, ou une jupe et un chandail, que pouvait-elle avoir d'autre... pensa-t-il. Ces questions si féminines, qui l'avaient ravi à une époque, l'énervaient maintenant.

— Elle se pencha un peu plus vers lui :

— Regarde...

Elle ouvrit son manteau. L'espace d'un éclair il aperçut les seins sublimes qu'il connaissait, le ventre légèrement bombé... Le vison qui encadrait le corps sculptural était assorti à la couleur de sa toison, fauve avec des reflets de bronze doré, qui s'ouvrait légèrement sur la fente rose. Elle avait un peu écarté les jambes afin qu'il la vît bien, mais même cela le laissa froid. Cette vision de beauté fugitive lui était indifférente.

Déjà le manteau s'était refermé, et elle soufflait, ravie, une vérité qu'il avait pu constater :

— Je suis nue !

Un érotisme qui, deux mois auparavant, l'aurait, sans aucun doute, fort excité, mais, aujourd'hui, ne faisait que l'agacer.

Pourvu qu'aucun confrère ne l'ait vue ! Déjà, il entendait les quolibets de la salle de rédaction.

Il se rappela, avec une sorte de gêne, un des premiers soirs passé chez elle (« elle se limait en même temps un ongle », pensa-t-il). Un de ses ongles merveilleusement manucurés qui allaient si bien avec ses longues mains nonchalantes dont on sentait — il les regarda — qu'elles ne savaient rien faire, « même pas l'amour ».

Ce soir-là, elle lui avait raconté un autre de ses fantasmes : elle allait au Bois de Boulogne et s'enfonçait dans les petites allées pour « mater » les putes avec leur client :

— Il y en a eu une, un soir, qui était assise, empalée, sur l'homme. Je suis restée jusqu'à la fin, mais j'ai fait alors un peu de bruit, et l'homme m'a aperçue pendant qu'il jouissait. Cela m'a excitée terriblement, avait-elle dit de sa voix toujours calme.

« Heureusement, pensa-t-il, se remémorant ce souvenir, sinon qu'est-ce que ce serait ! »

Oui, il y avait deux mois, alors qu'elle n'était pas encore sa maîtresse... Ces quelques semaines avaient suffi pour lui faire comprendre pourquoi ses amants la quittaient aussi rapidement : un marbre, si beau soit-il, reste un marbre. Et coucher avec un marbre est plutôt refroidissant, même si on jette sur lui le fantasme d'un somptueux manteau de fourrure !

La clé de ce fantasme

Contrairement à ce que laisseraient croire ses fantasmes — elle en a d'autres, on l'a vu —, Edwige n'est pas une nymphomane, mais le type même de la femme frigide. Ce qu'elle aime est entièrement cérébral : exciter le désir sans pour autant l'apaiser.

Le symbole

La *fourrure* est le symbole de la toison pubienne. C'est ce symbole qu'elle offre aux regards des hommes, dissimulant sous le vison sa nudité, comme le sexe se dissimule sous la fourrure du pubis.

Elle-même s'excite ainsi — symboliquement — car elle a le sentiment que, par le regard — zone érogène —, les hommes la violent. Chez elle l'esprit a pris entièrement la place de la chair.

La fourrure est donc chez Edwige le symbole de l'exhibitionnisme qui est le reflet du voyeurisme (nous savons par son amant qu'elle aime aller « mater » au Bois de Boulogne).

Pourquoi ?

Les fantasmes d'Edwige sont le résultat d'une maturité sexuelle incomplète. Alors qu'elle se croit évoluée, elle obéit en fait à des sentiments enfantins : regarder les « grandes personnes » faire l'amour, chercher à voir leur sexe ou, au contraire, exhiber le sien en public... Il y a aussi, resté en elle du fait de son éducation, ce sentiment de « supériorité » qui lui faisait dominer sa nurse ou sa bonne. Elle veut « dominer » l'homme, le rendre esclave d'elle et elle aboutit au contraire. Tout chez elle, en fait, est négatif. C'est ce qui l'empêche de donner à ses amants ce qu'ils attendent d'elle : un corps vibrant. Elle remplace cette sexualité normale par des fantasmes qui — pour elle — prennent la place du plaisir sexuel.

La solution

Ce peut être une question gynécologique, et, dans ce cas, seul un médecin pourrait la soigner. Mais sûrement aussi, en très grande partie — si ce n'est entièrement —, son cas est psychique et une psychanalyse s'imposerait.

Cas analogues

Toutes les femmes frigides qui ne ressentent de « plaisir » que par l'intermédiaire de l'esprit qui forge des fantasmes.

Petite annonce

« J. F., blonde, jolie, trentaine bisex, ch. p. son mari et elle, J. F. BCBG pour complicité amour. »

Éliane relisait l'annonce, un sourire ambigu au coin des lèvres. Pourquoi pas, après tout ? Il ne faut pas mourir idiote. Et hétérosexuelle autant qu'homosexuelle elle aimait au gré de ses désirs, de ses passions et de ses amours, hommes ou femmes selon son plaisir. Alors pourquoi pas les deux à la fois ? Un frisson d'excitation lui parcourut le dos, petite sensation électrique qui aboutissait au cou qu'elle se caressa lentement. Décidément, c'était « oui ».

Il fallait écrire au journal, où avait paru la petite annonce, qui « ferait suivre à l'annonceur ». Complications, attentes, qui ne faisaient qu'augmenter l'envie de ce plaisir nouveau.

Et puis qu'écrire...« Madame », c'était sec. Il ne s'agissait pas d'une lettre d'affaires. « Chère amie »..., elle n'avait jamais vu cette inconnue... Après, peut-être ! Elle se mit à rire. Elle avait le sens de l'humour. « Après » devait-on envoyer une lettre de château ?

Elle se décida pour le plus simple, ce que l'on dit aussi bien à un ami qu'à un inconnu : « Bonjour... »

Les mots maintenant arrivaient tout seuls... « j'aimerais faire votre connaissance et celle de votre mari. » (Pourvu que ce ne soit pas un petit bedonnant ou un gringalet souffreteux. Pouvait-elle le demander ? Difficile !) Elle opta pour : « Avant que nous nous rencontrions pour faire plus ample connaissance (!) pourrais-je recevoir votre photo à tous deux... »

Il n'y avait à présent qu'à patienter.

L'homme surtout, sur la photo envoyée, lui plaisait, grand, brun, on le devinait sportif sans pour autant rouler les biceps de l'athlète. La femme était mignonne. Une blonde, sûrement de plus de 30 ans, jouant, avec ses cheveux longs, à la petite fille... Rien d'irrémédiable pourtant. Éliane répondit qu'elle viendrait passer avec eux le week-end prochain. Ils lui avaient donné leur adresse de campagne, à quelques kilomètres de Paris, dans l'Eure.

Au téléphone, pour la confirmation, elle eut la surprise

agréable d'entendre une voix fraîche avec un très léger accent anglais qui augmentait encore son charme. La jeune femme lui indiquait le chemin pour trouver leur « fermette » (« Oh ! toute simple »), avec piscine chauffée !... ce qui pouvait être promesse d'agréables ébats.

L'accueil fut charmant. Bon chic, bon genre, comme l'indiquait l'annonce. L'hôtesse était plus jolie que ne le laissait présager la photo. L'homme, celui contre lequel on a envie de se blottir en ronronnant.

Bon dîner, bons vins, bons alcools... Une relation amicale que l'on reçoit pour la première fois.

Éliane commençait à s'impatienter et à s'inquiéter... Des week-ends analogues, chez des amis, elle en avait autant qu'elle en voulait. Ce n'était pas cette ambiance sympathique qu'elle était venue chercher ici ! Ce n'était pourtant pas à elle, « l'invitée » de prendre l'initiative !

Ce fut la femme, Joan, contrairement à l'attente d'Éliane — Oh ! ce complexe génétique du mâle dominateur imposant sa volonté ! — qui prit l'initiative..

— *Do you speak English ?*

— *Yes...*

— Tu me plais vraiment beaucoup... *I want to fuck you* (j'aimerais faire l'amour avec toi). Cela te gênerait-il que mon mari nous regarde ?

Exactement sur le ton de Tante Victoria vous proposant un sandwich au cresson...

— Pourquoi pas ? dit Éliane, souriant — sourire courtois BCBG ; surtout ne pas décevoir l'hôtesse qui vous a si aimablement reçue !

Joan se glissait, ondoyante comme une couleuvre, contre celle qui était consentante. Très consentante même : après tout c'était pour cela qu'elle avait fait quatre-vingts kilomètres !

Lentement, sous l'œil de son mari qui, impassible en apparence, pas plus excité que devant un tableau, regardait presque distraitement le jeu des deux jeunes femmes, Joan avait défait la jupe d'Éliane — une jupe très facile à ouvrir, et maintenant, d'une main experte, elle caressait doucement une cuisse encore bronzée par l'été, tandis que de l'autre elle faisait glisser et tomber le minuscule slip. Le pubis d'Éliane se tendit, s'offrant sans pudeur à des caresses moins — ou plus ? — subtiles...

La suite fut foudroyante. Tout flegme et bonne éducation anglais oubliés.

Dix minutes plus tard, de contemplatif Pierre devint subitement actif. Repoussant presque brutalement sa femme il prit sa place tandis que celle-ci remontant vers le visage d'Éliane offrait aux lèvres de la jeune femme d'autres lèvres beaucoup plus brûlantes.

Ce n'était que le début... Le Kama Soutra n'y aurait pas suffi... somme toute, à notre époque, il est assez anodin !

Ce fut un délicieux — et délirant — week-end.

Au moment de partir, Joan dit en riant :

— Mon mari n'ose pas te demander : samedi prochain, est-ce que cela t'ennuierait de mettre une robe très compliquée, très difficile et très longue à enlever ?

Curieusement — après tout ce qu'ils avaient fait... — , Pierre semblait un peu honteux de ce fantasme. Il chuchota, visiblement troublé :

— Vois-tu, je voudrais prendre une femme habillée des pieds à la tête (tout juste s'il ne réclame pas une voilette, pensa Éliane amusée) avec tout plein de boutons à déboutonner !

La clé de ce fantasme

Elle est très simple : bisexualité ! Non pas dans le sens exact du terme : « Un certain degré d'hermaphrodisme anatomique est normal. Chez tout individu, soit mâle, soit femelle, on trouve des vestiges de l'appareil génital du sexe opposé... La notion qui découle de ces faits anatomiques est celle d'un organisme bisexuel » (Freud), mais dans celui des petites annonces. Traduites en clair : faisons l'amour à 3.

Le symbole

Ici, il est on ne peut plus clair : la petite annonce !

Pourquoi ?

Même le plus grand amour exige le renouvellement du désir. Celui-ci peut être conçu de plusieurs façons...

En 1915, Freud ne craignait pas d'écrire : « La coutume de cacher le corps qui se développe avec la civilisation tient la *curiosité sexuelle en éveil* et amène l'individu à vouloir compléter l'objet sexuel en dévoilant ses parties cachées... »

Soixante-dix ans après, les voilettes sont allées rejoindre au grenier les corsets si chers à Feydeau et si longs à délacer ! Impatience qui redoublait le plaisir. Aujourd'hui les seins nus sur les plages n'excitent pas plus que ceux de la Vénus de Milo... Alors il faut bien remplacer le talon aperçu au bas d'une jupe, et qui faisait rêver jeunes et vieux messieurs, par autre chose... Le subconscient n'a d'ailleurs pas oublié ce désir de l'« objet caché », le fantasme de Pierre le prouve !

Il faut y ajouter deux autres raisons : la polygamie (elle fut à l'origine de l'humanité) et ce plaisir trouble, mi-exhibitionniste, mi-voyeur, de faire l'amour sinon en public, du moins devant quelqu'un d'autre. Les humains ne font après tout que ressembler aux pigeons s'accouplant uniquement s'ils sont en présence d'autres pigeons. Les éleveurs le savent bien qui, s'ils n'ont qu'un couple, leur offrent le leurre d'un miroir. Persuadés alors d'être quatre, ils n'hésitent plus...

La solution

Joan, Pierre et Éliane l'ont découverte et seules la morale et la vertu peuvent y trouver à redire !

Cas analogues

Se référer aux petites annonces des journaux les plus intellectuels...

Un grand amour

Maintenant, — oh ! ce n'était pas la première fois — il pensait à la faire souffrir ! Comme elle l'avait fait, comme elle le faisait souffrir chaque jour, aussi cruellement.

En la quittant définitivement... c'était la solution ! La seule chose qu'elle ne supporterait pas. Parce qu'elle l'aimait ! Oui, c'était cela le plus cocasse. Elle l'aimait !

Combien de fois avait-il pensé qu'il s'était enfin délivré d'elle ? Partir comme cela — en avait-il rêvé ! — les mains dans ses poches avec juste son passeport, un petit mot sur la table qu'elle trouverait en rentrant : « Adieu Élisabeth », et prendre l'avion pour n'importe où. Disparaître... Qu'elle ne sache jamais ce qu'il était devenu !

Ainsi l'entraînerait-il avec lui dans son cauchemar... Ainsi saurait-elle à son tour ce que c'était que la faim d'un être !

Trois ans sans faire l'amour. Trois ans qu'elle se refusait obstinément à lui. Trois ans de ce cauchemar dont il n'arrivait pas à se réveiller, à se désengluer... C'était dans ce cauchemar qu'il voulait lui faire partager son enfer : une manière comme une autre pour qu'elle soit toujours à lui. Il était presque certain qu'elle ne pourrait jamais l'oublier !

Il aurait été incapable de dire s'il l'aimait toujours. Sans doute ! Tout le prouvait : son désir d'elle, sa violence dans son désir et dans son désespoir... Et le fait qu'il était là !

Il n'arrivait à l'oublier que dans son travail. Il peignait et quand il avait terminé une toile, il se branlait comme un môme... pour arriver, souriant, près d'elle, et lui dire : « 7 heures... c'est l'heure d'un whisky. »

Il souriait, elle aussi, il était rare maintenant qu'ils se disputent. Du moins éviter cela : les scènes ne sont valables que dans la réconciliation des corps.

Malgré toutes les promesses qu'il s'était faites, il n'avait jamais « fait l'amour », dans le sens exact des mots, avec une autre femme. Au hasard, il avait baisé des filles, comme il se serait masturbé, sans plus d'importance. Parce qu'il n'en pouvait plus ! Pour oublier.

Autrefois, lorsque, après avoir aimé, avec cette passion, son corps de païenne, avoir eu ces gestes, ces rituels de l'amour, il y avait un tel bonheur, une telle sérénité aussi, en lui, qu'aujourd'hui cela lui semblait avoir été une fable, une invention de l'esprit.

Pourquoi ? Pourquoi ne voulait-elle plus... Si elle l'avait quitté, si elle lui avait dit : « Je ne t'aime plus », si elle l'avait méprisé ou détesté, il aurait compris, il l'aurait mieux supporté. Après un certain temps il serait arrivé sans doute à l'oublier, à aimer, même, une autre femme ! Mais non... jamais elle n'avait été aussi tendre, aussi « amoureuse » si l'on pouvait, si l'on osait dire. Ils marchaient dans les rues, main dans la main, comme des amoureux de quinze ans. Elle se blottissait contre lui, l'embrassait sur les lèvres — sur les lèvres seulement, sa bouche ne connaissait plus le goût de sa langue — , lui disait « Je t'aime », « Je n'aime que toi »... et refusait avec obstination et colère de faire chambre à part !

Il aurait engagé sa vie sur le fait qu'elle ne l'avait jamais trompé ! Pour leurs amis c'était l'éternel couple d'amants. Il ne serait sûrement venu à l'esprit d'aucun de se douter qu'ils n'étaient physiquement plus rien l'un pour l'autre.

Alors ? Pourquoi... Pourquoi... Il se torturait et ne comprenait pas.

Et cette envie de la torturer à son tour n'était que puérilité. Il savait bien qu'il en était incapable ! Il l'aimait trop pour cela. En profitait-elle ? Etait-ce sadisme de sa part ?

Lors de l'une de leurs dernières scènes — au début de leur désaccord charnel — , elle lui avait crié : « Je n'ai jamais fait l'amour plus de trois mois avec le même homme. C'est pour cela que François (son premier mari) et moi nous nous sommes quittés... Avec toi ça a duré quatre ans ! Tu es le seul. » Et elle avait éclaté en sanglots puérils d'enfant.

D'enfant... Un soir, elle lui avait raconté — un peu comme une somnambule (il se souvenait, ils avaient abusé tous deux de cette framboise envoyée par un propriétaire ami) — , oui, elle lui avait raconté qu'alors qu'elle passait ses vacances chez sa sœur aînée (née d'un premier mariage, elle avait dix-huit ans de plus qu'elle), son beau-frère l'avait initiée au plaisir. Il était très beau, avec cette nonchalance et cette arrogance du héros qui séduit l'héroïne dans les romans de jeune fille... Croyait-elle l'aimer ? Elle ne le lui avait pas dit.

— Oh, il ne m'a pas violée, même pas fait l'amour, même pas... rien, non... il m'a appris à me caresser. Tu sais, j'avais 13 ans à l'époque et j'étais pensionnaire chez les sœurs. Il était venu me dire bonsoir dans ma chambre, comme l'aurait fait mon père... Ma sœur était sortie, pour quelques minutes, me semble-t-il. Peut-être était-elle allée promener le chien. Je ne sais plus. Je sais qu'il a joué avec ma main en riant : « Ne l'as-tu jamais posée là ? » Il la mit entre mes cuisses, l'y faisant glisser lentement...

Ensuite, quelques jours après, peut-être des semaines, c'est sa main à lui qui m'a fait jouir... rien d'autre ! mais j'étais folle de lui. Folle... pas amoureuse ! comme à 13 ans on peut être « fan » d'un artiste de cinéma, ou d'un chanteur. Tout cela était, est très irréel. On s'embrassait chaque fois que nous étions seuls. Un jour ma sœur est rentrée alors que j'étais dans les bras de Stephan... nous nous sommes séparés si vivement que je pense qu'elle ne nous a pas vus. Enfin, je l'espère, elle n'a rien dit.

A la fin des vacances, je suis retournée chez moi. Puis on m'a remise en pension. Dans mon lit, tous les soirs, je retrouvais les gestes qu'il m'avait appris...

Pourquoi repensait-il à cette histoire ? Vingt ans après, était-il jaloux de cet homme qui devait aujourd'hui avoir près de 70 ans, vivait à l'étranger et qu'il connaissait à peine ?

Il se recula, le pinceau à la main... La toile était terminée, du moins, pour l'instant. Peut-être demain y apporterait-il quelques retouches.

Un coup discret à la porte de son atelier... Une voix tendre, légère :

— Tu n'as pas fini de travailler, chéri ? Je m'ennuie de toi...

La clé

Elle est bien cachée et elle porte un nom savamment barbare : *aphanisis*, c'est-à-dire « disparition du désir sexuel ». (Voir dans la seconde partie du livre « Aphanisis »).

Le symbole

Il n'y en a pas : la réalité est là dans sa plus cruelle franchise. Élisabeth se refuse à l'homme qu'elle aime : un fantasme pas comme les autres !

Pourquoi ?

Justement parce qu'elle l'aime.

Élisabeth avait 13 ans lorsqu'elle a connu pour la première fois le plaisir et dans des conditions très particulières puisque tout s'en mêlait. Elle est très jeune, élevée chez des religieuses qui lui ont donné la conscience du « bien et du mal ». Tout acte physique visant à la jouissance vous envoie immédiatement en enfer ; une explication simpliste mais qui marque un enfant. Un homme de 25-30 ans son aîné va lui apprendre, en désaccord total avec ce que lui ont enseigné les religieuses, que « pécher » est chose délicieuse qui mène tout droit à un paradis, qui pour être interdit et infernal n'en est pas moins le suprême plaisir. Syllogisme : le plaisir physique est dû à un péché. Le péché est chose interdite. Donc tout plaisir physique est un péché.

Par la suite, d'ailleurs, cette notion de péché intensifiera encore sa jouissance.

L'homme par lequel elle va apprendre le plaisir est son beau-frère : il s'agit donc (presque) d'un inceste !

Elle trahit sa sœur et l'affection qu'elle a pour celle-ci ; ce qui exaspère encore le sentiment de sa faute.

De tout cela est résulté chez Élisabeth un complexe qui fait que pour elle faire l'amour étant devenu — dans le sens catholique du mot — un péché, elle ne peut se livrer à l'acte sexuel que dans le sentiment-culpabilité ou elle se masturbait, enfant.

De l'instant où elle aime réellement, son subconscient rejoint son conscient pour lui interdire le péché : la faute « contre » l'amour.   Elle est alors dans la position de l'anorexique qui refuse de se nourrir non pas par une volonté délibérée, mais par un acte inconscient résultant d'une origine X.

Il est évident qu'Élisabeth n'a jamais établi de parallèle entre cette découverte enfantine du plaisir et le fait qu'elle cesse de désirer quelqu'un dès qu'elle l'aime réellement. Elle souffre sûrement de la souffrance de son mari. Mais elle est arrivée à ce paradoxe — honnête ! — de ne plus faire l'amour par amour !

La solution

Une seule : une psychanalyse bien menée pourrait débarrasser Élisabeth de ce complexe absurde qui la rend sûrement malheureuse et qui torture l'homme que justement elle aime.

Cas analogues

Poussés à ce point, ils sont heureusement rares. Les cas analogues peuvent se rencontrer pour des motifs très différents les uns des autres et, toujours comme pour les anorexiques, très complexes, d'où les difficultés qu'ils présentent à être soignés.

La grande bouffe

— Oui, j'arrive à vomir jusqu'à cinquante fois par jour !

Passionnée, tendue, Véronique ne quittait pas des yeux le petit écran, tout en croquant un carré de chocolat. Subitement inquiète, elle regarda sur la table : à côté de ses livres d'étudiante, trois barres de chocolat ! Assez pour tenir un moment..., un petit moment ! Elle se rassura en pensant qu'il y en avait d'autres en réserve, à la cuisine. Du cacao aussi : elle se ferait du chocolat chaud à deux heures du matin pour couper la nuit ; il fallait qu'elle travaille au moins jusqu'à quatre heures si elle voulait être reçue à son examen.

Elle cassa un morceau de la tablette, la porta goulûment à sa bouche.

« Je fantasme sur le chocolat », disait-elle en riant à ses copains quand ils la voyaient en grignoter — écureuil tenant précieusement son délice sans en offrir à personne.

A quel point !... Nul ne soupçonnait que, pendant les cours, entre elle et le professeur, s'interposait la vision fantasmatique d'une tablette de chocolat.

Sur l'écran une jeune et jolie femme rousse présentait deux doigts : l'index et le majeur que barrait une raie rouge :

— A force d'appuyer sur la glotte pour vomir j'ai la marque de mes dents, comme des stigmates.

Elle parlait posément. Véronique, hypnotisée par ce qu'elle voyait et entendait, la regardait effarée et légèrement inquiète : elle avait ouvert la télévision pour cinq minutes de détente et avait reçu comme un coup de poing cette émission sur les boulimiques.

A une question que venait de lui poser le journaliste qui l'interviewait la jeune femme expliquait, toujours avec la même tranquillité :

— Il faut que je mange... Toute la journée ! N'importe quoi. C'est un besoin urgent. Après, je me fais vomir pour pouvoir recommencer.

Un silence, puis :

— C'est comme la rancœur de quelque chose que je n'ai pas et ensuite me vider de quelque chose que j'ai acquis.

Phrase sibylline ? Pas tellement.

Maintenant, c'était une autre femme qui avait pris la place de la première ; jeune, elle aussi (vingt-cinq ou trente ans), elle dit :
— Je dépense mille à deux mille francs par jour pour ma nourriture...

« Celle-là, elle exagère », pensa Véronique, à moins qu'elle ne supporte plus que le caviar et le foie gras !

Elle aussi se faisait vomir chaque fois qu'elle avait mangé pour pouvoir recommencer.

— Quand je suis au bureau, avouait aux spectateurs invisibles une troisième jeune femme, j'imagine des plats énormes. C'est une telle envie que j'en ai les mains qui tremblent : je suis angoissée à la pensée qu'il faut que j'attende six heures pour rentrer chez moi, pour ouvrir une boîte de conserve, n'importe quoi, aussi bien du cassoulet que des épinards que je mange comme cela, sans même prendre le temps de réchauffer ce plat ou de le verser sur une assiette.

Deux détails communs aux cinq ou six boulimiques que présentait la télévision : il n'y avait que des femmes à cette curieuse émission... — alors qu'à une autre émission, sur l'alcoolisme, deux tiers des alcooliques étaient représentés par des hommes — et toutes ces femmes étaient minces, très minces, presque trop. L'explication donnée par l'une d'entre elles se réduisait à cette phrase :
— Je veux manger, mais je ne veux pas grossir

Alors, comme à la cour de Néron, le vomitorium !

« Je n'en suis pas encore là, dit à mi-voix, pour elle-même, Véronique : seulement trois fois aujourd'hui ! »

Sur le bas de l'écran était inscrit en lettres rouges : « Groupement des vomisseurs, des boulimiques et des anorexiques, Tél. :... »

Véronique avait un peu mal au cœur : l'émission ou le chocolat ?

« De toute manière, pensa-t-elle avec certitude (ce n'était pas la première fois que cela lui arrivait), le chocolat c'est un fantasme qui passera lorsque j'aurai passé mon examen. »

Elle se leva pour aller éteindre le poste au moment où le journaliste énonçait :
— 20 % des étudiants américains se font vomir...

La clé

La boulimie : report sur la nourriture d'un manque.

Le symbole

La nourriture.

Pourquoi ?

Véronique a peur de rater son examen : elle mange du chocolat avec frénésie comme s'il pouvait compenser ce qu'elle risque de ne pas savoir quand on l'interrogera.

Pour les femmes interviewées à la télévision c'est sûrement, de même, une compensation à quelque chose. Il faut remarquer qu'aucune n'a parlé d'un mari, d'un amant, d'enfants... Il est donc très probable que, comme presque tous les boulimiques, ce sont des solitaires, ou, tout au moins, des femmes auxquelles manque quelque chose. Ce peut-être, aussi bien, le fait de ne pas faire, ou de mal faire, l'amour !

L'une d'entre elles l'exprime dans cette phrase clé : « la rancœur de quelque chose que je n'ai pas... et me vider de quelque chose que j'ai acquis. » Elle mange comme on pleure à la suite d'un désespoir, sans pour autant assouvir sa faim (calmer son chagrin, sa « rancœur ») et elle vomit pour chasser la nourriture symbole : (« me vider de quelque chose que j'ai acquis »). Fréquemment — les extrêmes se touchant — les cas des boulimiques sont proches de ceux des anorexiques.

La solution

Pour Véronique elle viendra d'elle-même : c'est son examen qui est la cause de ce fantasme. Une fois passé — réussi ou non — elle cessera d'avoir peur de le « manquer » et du coup supprimera sa boulimie.

Pour les boulimiques concernés par un deuil, un abandon, ce sera plus long. A la suite de la disparition d'un être cher par exemple, il faudra que le « travail de deuil » (Voir dans la seconde partie du livre, « Travail de deuil ») soit terminé pour que cesse le désir de combler par la nourriture symbole ce vide.

Mais, arrivé au point où l'on fait se succéder sans interruption nourriture et vomissement, il s'agit d'une névrose dont seul un pshychiatre pourra venir à bout.

Il faut remarquer que les boulimiques se rencontrent plus souvent parmi les femmes que parmi les hommes. La boulimie aurait pu être considérée, autrefois, comme un cas d'hystérie, maladie spécifiquement féminine.

Cas analogues

Les célibataires qui ne supportent pas leur solitude, les divorcées, les veuves et les personnes qui viennent de perdre leur situation.

La colombe

Le salon était grand, luxueusement meublé, de manière très moderne, mais avec des fourrures et des tapis qui masquaient la froideur des meubles trop sophistiqués.

Bien que, à quatre heures, il fît encore grand jour, les rideaux à demi tirés laissaient la pièce dans un clair-obscur que faisait ressortir l'éclat d'une tache de soleil. Dans un angle, se trouvait une immense volière où pépiaient, chantaient, sifflaient, ramageaient et bruissaient une multitude d'oiseaux.

Martine se tenait devant, un peu gênée, comme pour les admirer : elle savait bien que si Gérard D. qui, depuis trois semaines, lui faisait une cour presque trop respectueuse, l'avait invitée aujourd'hui chez lui, ce n'était pas exactement pour lui faire voir ses toucans et ses loriots.

En vérité, elle était très attirée par cet homme d'une quarantaine d'années, beau, assez insolent, riche certainement, mais dont elle savait fort peu de choses, l'ayant rencontré, un mois auparavant, chez des amis.

Il l'avait conviée à déjeuner d'abord, puis à dîner, toujours dans des restaurants à la mode, ne pouvant donc que lui murmurer des mots tendres qui devenaient, au fil des semaines, de plus en plus amoureux, puis passionnés.

Et, dimanche dernier, profitant d'une journée à la campagne chez des relations communes, il l'avait entraînée dans le jardin, et là, isolés par les arbres, il l'avait, enfin, longuement embrassée.

Un baiser qui s'était terminé cruellement par une morsure de la lèvre qui avait fait pousser un petit cri à la jeune femme : « Vous m'avez fait mal ! » Elle avait porté son doigt à sa bouche où perlait une goutte de sang que, délicatement, il avait cueillie de la langue.

— Pardon chérie, mais je n'ai pas pu me contenir, je vous désire tant...

Elle avait été bouleversée par cette phrase, pourtant banale, autant que par le baiser... Depuis six mois qu'elle était divorcée elle n'avait pas fait l'amour, n'ayant plus le goût des hommes. Gérard était le premier qui la troublait au point de réveiller en elle ce désir violent qu'elle sentait monter dans son ventre jusqu'à ses seins. Il avait posé une main possessive sur eux pour en calmer — ou en augmenter ? — l'ardeur, puis, plongeant son visage dans les longs cheveux blonds avait murmuré dans l'oreille de Martine :

— Demain, chez moi...

Elle avait dit « oui » sans même réfléchir, tout entière livrée à ses sens.

Et, maintenant, dans ce salon inconnu, près de ce presque inconnu — et d'autant plus qu'elle le voyait chez lui —, elle se sentait timide comme une vierge à son premier rendez-vous d'amour.

Il penchait vers elle sa haute taille, baisait, doucement cette fois, sa bouche, faisait asseoir Martine sur un divan, la prenait dans ses bras, défaisait son chemisier...

Et à nouveau, sous la caresse de sa main, elle perdait tout contact avec la réalité. Les oiseaux pouvaient s'égosiller elle ne les entendait plus !

Gérard avait commencé par lui caresser doucement les seins puis, s'énervant, les avait pincés violemment, en faisant jaillir les roses pointes sous ses doigts, et, brutalement les avait mordus, comme la veille sa bouche. Martine ressentit la même douleur et à nouveau elle poussa ce même petit cri de bête blessée. L'arche de la bouche cruelle se détendit en un sourire et Gérard regarda, amusé, la légère crispation qui avait contracté le tendre visage qui s'offrait :

— Ne me dis pas encore que je t'ai fait mal, sinon je n'oserai plus te toucher !

« J'ai perdu l'habitude des gestes de l'amour », pensa, désolée, la jeune femme.

Elle se serra un peu plus contre l'homme. Tout son corps, réveillé de six mois de sommeil, réclamait son dû : comme il avait envie d'être pris... de sentir cet autre corps sur lui.

La grande main masculine avait fait glisser la jupe. Elle se posait doucement sur son ventre, descendait jusqu'au pubis... mais au lieu de pousser plus loin sa caresse, Gérard se leva, comme distrait par quelque pensée. Martine entendit le bruit d'un bouchon de champagne, et, accompagnant, le caquetage des oiseaux : la réalité sous la forme de la coupe qu'il lui tendait... Elle battit des paupières comme une femme qui s'éveille. Ce n'était pas de vin qu'elle avait envie, mais de cet homme !

Une mouche voletait ; il tâcha de l'attraper, la manqua :

— Quand j'étais enfant je n'en ratais pas une seule... et ensuite je leur arrachais les ailes.

Machinalement elle répondit :

— La cruauté des enfants !, tout entière au geste qu'il avait repris, allant plus loin cette fois : les cuisses de Martine s'ouvraient d'elles-mêmes sous les doigts qui frôlaient doucement le clitoris de ce rose pâle des vraies blondes.

Maintenant elle se retenait pour ne pas supplier « Prends-moi » mais elle n'osait pas ; elle n'osait plus...

Et, frustrée, de nouveau elle sentit cesser la caresse. Elle eut la sensation que si Gérard faisait tout pour l'exciter, lui-même l'était peu.

Etait-il impuissant ou était-ce elle qui le décevait : il venait, l'abandonnant encore, de se relever..

Elle entendit le bruit d'une porte ; elle était seule dans la pièce remplie par les cris divers et les gazouillis provenant de la volière. Elle se regarda et eut honte de son débraillé : son soutien-gorge défait, sa jupe à ses pieds, son slip à demi glissé... mieux valait être nue... et puis n'était-ce pas, sans parole, une invitation...

Quelques minutes plus tard il revint, ayant troqué son complet contre une robe de chambre à demi ouverte. Martine sentit son cœur battre plus fort : enfin !

Il regardait sa nudité, charmé ; d'une manière enfantine elle avait recouvert pudiquement son sexe de sa main.

— Ah ! dit-il, je n'ai jamais rien vu d'aussi beau et d'aussi pur. Tiens ! avant de te faire l'amour, je veux te faire un cadeau.

Il alla vers la volière, en ouvrit la porte et y attrapa un oiseau : c'était une colombe qui devait être apprivoisée car elle ne semblait pas effarouchée et restait dans la main, qui la tenait, comme dans un nid, ne cherchant nullement à s'envoler.

Gérard la plaça délicatement entre les seins de la jeune femme :

— Trois colombes !

Il laissa tomber sa robe de chambre. Il était très beau dans sa nudité : un torse large, des hanches étroites, le corps lisse comme celui d'un athlète grec, le pénis à demi dressé... (« A demi seulement, pensa Martine déçue... Décidément, je ne lui fais pas beaucoup d'effet ! ») Pourtant il s'était allongé près d'elle et, tenant son sexe dans sa main en caressait doucement le pubis de la jeune femme.

Entre les seins de celle-ci la colombe roucoulait. Elle sentait contre eux le frôlement des ailes...

Et, subitement, sans que rien n'eût pu laisser prévoir son geste, Gérard appuya son pouce sur la gorge de l'oiseau, le faisant taire pour toujours, tandis que son phallus brusquement dressé, rigide, entrait avec fureur en Martine.

Martine qui hurlait, non pas de plaisir, mais d'horreur !

Les clés de ce fantasme

Un complexe de cruauté qui va jusqu'au meurtre. Gérard ne peut jouir sexuellement qu'en tuant une petite bête. C'est la colombe, symbole de la pureté, qu'ainsi il détruit. Pour lui l'acte d'amour est sûrement impur.

Les symboles

Les morsures, un peu trop cruelles pour être — même si Martine se l'imagine — seulement le fait de la passion. Il a besoin de faire mal pour allumer en lui le désir.

Les mouches dont il arrachait les ailes étant enfant... ce qu'il se plaît à raconter, devenu adulte.

Le meurtre, enfin, de l'oiseau.

Pourquoi ?

Il s'agit là d'une névrose obsessionnelle qui se traduit par le fantasme du meurtre sexuel.

Gérard se livre à un acte qui, peut-être — sans doute même —, le rend très malheureux. Mais il ne peut y échapper : il ne peut se libérer qu'en s'y livrant.

En réalité, c'est sans doute Martine, source d'« impureté », qu'il voudrait inconsciemment, tuer. Mais il transpose ce désir criminel sur l'innocente colombe qu'il étrangle à la place de la jeune femme.

La solution

Une seule : l'analyse ! Et Gérard D. ferait bien d'aller voir rapidement un psychanalyste afin de retrouver le ou les faits responsables de cette perversion avant qu'elle ne devienne encore plus grave.

Cas analogues

Fort heureusement il y en a peu...Ces meurtres sexuels se passent presque toujours en imagination seulement. Pourtant, quoique excessivement rares, ils ont parfois lieu et peuvent aller jusqu'à l'assassinat d'un être humain... C'était, le cas, exemple extrême, de « Jack l'Éventreur » !

2.

LE FANTASME

INCONSCIENT

La souris

Elles étaient estimées de tout le personnel de l'hôtel italien, ces deux demoiselles anglaises qui tous les ans, régulièrement, venaient y faire une cure thermale.

Toutes les deux avaient la quarantaine frisant la fin de la trentaine pour l'une, le début de la cinquantaine pour l'autre.

Virginia, la plus jeune, blonde, féminine, maquillée, toujours vêtue de robes souples aux couleurs gaies, adorait les bijoux ; plus âgée, sportive, Joan se plaisait aux confortables vestes de tweed, aux pantalons de flanelle. Mais toutes deux étaient charmantes et sympathiques.

Cet hôtel leur plaisait pour son côté désuet — c'était en fait un ancien couvent —, et pour son parc planté d'arbres centenaires.

Une fois traversé l'ancien cloître et les couloirs mal éclairés, les clients se retrouvaient dans des chambres aux beaux meubles d'autrefois, où la seule note moderne était donnée par la salle de bains.

— J'adore cet endroit, dit Virginia, mais quand je traverse ces sombres couloirs j'ai toujours peur d'y rencontrer des fantômes, vous savez, darling, la « nonne sanglante » que l'on trouve dans les vieux romans écossais.

Elle frissonnait délicieusement et Joan passait autour de ses épaules un bras rassurant.

Pourtant, ce soir-là, le hurlement d'épouvante que Virginia poussa en ouvrant la porte de leur chambre fit croire une seconde à son amie que c'était bien un revenant qu'elle montrait de ce doigt tremblant...

Lovée dans le creux de l'oreiller ce n'était pourtant qu'une... souris ! Toute mignonne, semblant sortie d'un dessin de Walt Disney. Aussi terrrorisée par Virginia que celle-ci l'était par elle, elle s'enfuit à toutes pattes...

Mais la jeune femme, grimpée sur une chaise, tenant sa jupe serrée contre ses jambes, continuait à pousser des hurlements terrifiés.

— Fais-la sortir de cette chambre Joan, tue-la, mais fais quelque chose, pour l'amour de Dieu !

Affolée, la petite bête montrait un museau pointu, courait le long d'une corniche, disparaissait, reparaissait, poursuivie par les glapissements de Virginia tandis que Joan tentait inutilement de faire taire l'une et d'attraper l'autre.

Ameutée par un tel scandale dans un hôtel aussi calme, une femme de chambre arriva suivie d'un valet et enfin du directeur lui-même qui, effaré, considérait, d'un œil ahuri, cette aimable cliente, perchée sur une commode, pointant l'index vers tous les points à la fois de la chambre.

— Là... Là... Je viens de la voir... Joan, elle est entrée dans la guitare j'en suis sûre...

Joan secouait la guitare, qui lui servait à accompagner les vieilles ballades écossaises qu'elle aimait à chanter...

— Mais enfin, que se passe t-il..., qui est là ? demandait le chœur angoissé des hôteliers, tandis que Joan secouait vainement l'instrument de musique qui, sous sa main énergique, résonnait lugubrement, mais sans pour autant laisser échapper le moindre souriceau.

Et les yeux dilatés, prête à la crise de nerfs, Virginia, de sa voix la plus aiguë, disait au directeur qui la suppliait de descendre :

— Je passerai toute la nuit ici, toute la journée de demain s'il le faut, mais je ne bougerai pas tant qu'on n'aura pas trouvé et tué cette souris. Et elle tenait de plus en plus serrée sa robe comme si la bestiole n'avait qu'une idée : grimper le long de ses jambes pour se réfugier sous ses jupes.

Quelques clients curieux commençaient à sortir de leur chambre : une souris dans un hôtel si bien tenu, quel scandale... Requis, tout le personnel de l'établissement donnait la chasse à l'invisible animal, secouait les draps, retournait les matelas...

Rien ! le minuscule rongeur avait disparu.

Il était minuit, les valets et les bonnes se retiraient, suivis par un directeur épuisé qui jurait sur son honneur d'hôtelier que la souris s'était enfuie !

Joan se retrouva seule avec Virginia... toujours sur la commode. Elle s'approcha de son amie, lui tendit les bras,

— Allons, viens te coucher... Elle n'est sûrement plus ici.

— Non, dit encore Virginia, mais plus faiblement. Non, si jamais dans la nuit elle venait sur moi... Je me jetterais par la fenêtre !

— Tu vas te coucher avec moi. Voyons, dans mes bras tu ne risques rien.

Il faut dire qu'elle ne comptait plus les crises d'hystérie déclenchées chez Virginia par la seule vue, ou même la simple illusion, d'une souris.

Peu à peu, la jeune femme se calma. Pelotonnée contre son amie, sa crise de nerfs se termina en larmes, puis en petits gémissements qui, plaintifs d'abord, devinrent peu à peu des gémissements de plaisir... Tandis que la main de Joan lui caressait doucement les seins, descendait lentement le long du corps, éveillant en celui-ci un plaisir qui ne demandait qu'à se prolonger. Les doigts amoureux jouaient sur le ventre avec les poils bouclés du pubis et tentaient de pénétrer dans l'étroite fente qui s'y dissimulait et qui s'entrouvrait un peu... trop peu pour les laisser y entrer.

— Ecarte tes cuisses, darling, chuchota Joan.

Virginia les referma brusquement, emprisonnant la main caressante.

— Oh non ! Si la souris...

La clé de ce fantasme

Virginia est une homosexuelle qui n'a sans doute jamais connu d'homme alors que son amie, d'allure pourtant plus masculine, est très probablement, elle, bisexuelle.

En effet, cette peur hystérique déclenchée par les souris l'indique clairement, et aussi ce geste classique de serrer contre elle ses jupes. Instinctivement c'est son sexe qu'elle protège contre le viol.

Le symbole

La souris, le rat, le mulot, le loir... appartiennent au groupe des symboles phalliques : leur longue queue est le « substitut » du phallus et le trou dans lequel ils « rentrent » l'ouverture du sexe féminin.

Pourquoi ?

Ce fantasme, très répandu parmi les femmes, révèle une peur symbolique : on n'a jamais vu un homme devenir hystérique à la vue de ces innocentes bestioles.

Ce symbole ne prouve pas d'ailleurs obligatoirement l'homosexualité mais simplement la crainte de l'homme (Voir dans la seconde partie du livre « Souris »).

La solution

L'homosexualité n'ayant plus le caractère pervers et hystérique qu'on lui prêtait autrefois et Virginia étant parfaitement « bien dans sa peau », il n'y a qu'à lui laisser vivre sa vie et ses amours comme elle l'entend. Tout au plus, si elle a le sens de l'humour, on peut lui révéler le symbole représenté par la souris... Ce qui, surtout à son âge, ne l'empêchera pas d'en avoir peur car cette crainte, déjà léguée par les générations précédentes, est maintenant bien ancrée dans sa mémoire génétique, tant acquise qu'innée.

Cas analogues

Le toucher ou simplement la vue d'un serpent (notre mère

Ève victime du serpent !) peut amener cette même peur intense.

Les nez « pointus » ou en forme de trompe de certains animaux comme les fourmiliers, les éléphants, peuvent aussi procurer — sans aller jusqu'à l'hystérie — un sentiment de malaise chez certaines femmes.

Ce sont, de même, des symboles phalliques. On les retrouve facilement dans les rêves.

L'or

Mme C. frappa timidement à la porte du bureau de son fils. De sa voix bourrue Émile répondit :
— Entre..
Et avec un soupir, il ajoute :
— Que veux-tu ? De l'argent encore ?
Sa mère se fit plus petite, (si c'était possible !,) qu'elle ne l'était, toute recroquevillée sur elle-même...
— Je n'ai pas un sou, et il faut que j'aille faire des commissions. Déjà nous ne mangeons de la viande qu'une fois par semaine !
— Mais enfin, je t'ai donné 100 francs lundi et nous ne sommes que samedi.
Elle leva vers lui ses yeux d'un bleu usé :
— Tu ne te rends pas compte ; la vie augmente tous les jours !
Elle se garda bien d'ajouter que, pour subsister, elle avait de petites dettes chez tous les commerçants du quartier. Il aurait encore pris une de ces colères dont elle avait si peur.
Les marchands d'Auteuil avaient pitié de cette vieille dame qu'ils avaient connue riche, avec femme de chambre et cuisinière, du temps de son mari. Pourtant M. C. avait dû laisser une belle fortune derrière lui... Qu'en avait donc fait son fils ? Question intéressante à laquelle le boucher répondait avec un gros rire : « Les petites femmes... »
Mais Mme C. savait bien que ce n'étaient pas les femmes, même pas une femme — il avait toujours refusé de se marier — qui avaient ruiné Émile. En vérité, si elle avait bien un doute, elle ne savait pas vraiment ce qu'il avait fait de leur argent et elle n'avait jamais osé le lui demander.
Ç'avait été très peu de temps après la mort de son père qu'Émile avait commencé à serrer les cordons de la bourse dont il avait héritée. Il avait d'abord renvoyé les domestiques. « Nous n'avons plus les moyens », avait-il bougonné... Puis ce fut la vente des titres ; les immeubles liquidés, l'un après l'autre, sans que sa mère sût jamais ce qu'il faisait de l'argent retiré. Il n'y avait que ce grand appartement, qui heureusement lui appartenait, qu'elle ait pu garder. Elle s'y crampon-

nait farouchement malgré les reproches d'Émile qui la traitait d'égoïste : « Comme si, pour nous deux, nous avions besoin d'un appartement de cinq pièces ! » Mais c'était là qu'elle avait toujours vécu, qu'elle avait été heureuse, femme choyée d'un homme riche.

Il y avait dix ans, maintenant, que son mari était mort et il ne restait rien de la fortune qu'il avait laissée... Peu à peu elle avait mis au Mont de Piété, puis vendu, ses bijoux afin qu'ils puissent encore faire « bonne figure » dans ce quartier de gens huppés. Mais maintenant il ne lui restait plus rien. Elle en était réduite — sans le dire à Émile (« Pauvre enfant, il ne se rend pas compte ! ») — à se voler elle-même. Pour payer les 20 francs qu'elle devait à l'épicier, les 50 francs que lui avait avancés la bouchère, elle vendait un bibelot qu'elle enlevait en cachette du salon ou de sa chambre. Elle allait le proposer à un magasin où on l'estampait, devinant — avec ses souliers éculés, son manteau usé jusqu'à la corde — sa misère ! Car c'était bien la misère maintenant...

Comment Émile avait-il pu perdre leur argent ? Elle ne lui connaissait aucun vice. Il ne sortait presque jamais, sinon pour aller chez son agent de change.

« Il a dû jouer à la bourse et il aura tout perdu », pensa-t-elle une fois de plus. Mais elle n'oserait jamais le lui demander. Elle avait été élevée dans la religion de l'homme, et à la mort de son mari, c'était son fils qui était devenu le chef de famille. Réduisant à l'économie la plus sordide leur train de vie, et reprochant à sa mère d'être dépensière pour le minuscule morceau de margarine qu'elle mettait dans les pâtes.

Pendant que Mme C. regardait d'un air désespéré ses chaussures qui auraient absolument eu besoin d'un ressemelage, son fils, dans le bureau où il se tenait enfermé toute la journée, fulminait contre la malheureuse : « Une dépensière qui me ruine, oui, qui me ruine ! »

Émile avait la quarantaine, le visage maigre, hâve, d'un homme consumé par une passion irraisonnable, des yeux durs ou farouches selon les moments. Pour le moment il tapait du poing sur son bureau : « Et quand je pense qu'elle se refuse à vendre cet appartement, grondait-il, furieux, un appartement qui vaut au moins... » Il s'arrêta, son visage devint songeur, éclairé par un rêve de bonheur... « Au moins trois cents millions anciens ! » Il passa une langue gourmande sur ses lèvres décolorées : « Plus de cinq mille pièces d'or ! »

Il revint à la réalité, se cramponna à la table : il tremblait de tous ses membres.

Émile tira de sa poche une clé qui ne le quittait jamais et se dirigea vers une vaste commode. Avec une componction de prêtre se livrant au rituel du culte, il en ouvrit les tiroirs, les tira, et l'or qu'ils contenaient apparut à ses yeux éblouis : des milliers de pièces d'or qui représentaient plus d'un milliard de centimes !...

Il s'était agenouillé devant le trésor et le faisait ruisseler entre ses mains avides. Il balbutia : « L'OR... L'OR ! »

Son visage enfoui au milieu de l'or comme il l'aurait enfoui entre les seins d'une maîtresse adorée, il sentait monter en lui une jouissance qu'aucune femme ne lui avait procurée. Il en avait eu deux ou trois dans sa prime jeunesse, mais pas une ne lui avait donné ce plaisir — étrangement — sexuel que lui donnait l'or.

A moitié écroulé sur son trésor, avare plus avide de ce froid métal qu'aucun amant ne l'avait jamais été d'une maîtresse, il le caressait, l'embrassait, le léchait...

La clé de ce fantasme

L'or et l'avarice sont en rapport direct avec la zone anale.

Bien qu'il soit difficile d'imaginer une relation entre les matières fécales et l'argent, celle-ci est pourtant certaine. Partout, en fait, dans les civilisations anciennes, les légendes, les mythes, l'or est assimilé aux excréments (Voir dans la seconde partie du livre « Défécation »).

Le symbole

L'or ! Il a pris la place des matières fécales : on le retrouve d'ailleurs dans les contes — comme dans *Peau d'Ane* où les crottins de l'âne sont d'or — et les superstitions populaires où mettre le pied dans un étron est signe d'argent. Dans les légendes du Moyen Age l'or est l'excrément du diable !

L'avare garde son argent comme bébé il gardait ses matières fécales, et, de même, se refuse à le montrer.

Pourquoi ?

En « retenant » son or, en refusant de le sortir des tiroirs où il est dissimulé, Émile C., sans s'en rendre compte, recherche la sensation sexuelle qu'il a connue bébé. Ce n'est pas à tort que Freud écrivait : « L'éducateur ne se trompe pas lorsqu'il appelle les enfants qui se retiennent de "petits polissons." »

Si, lorsqu'il était petit enfant, la mère d'Émile avait été plus au courant des découvertes de la psychanalyse, elle aurait averti un pédiatre psychologue de cette constipation constante de son fils. C'est ce qu'il faut faire en pareil cas.

La solution

Il n'y en aurait qu'une : l'analyse. Mais il y a peu de chance pour que Émile C. s'y soumette jamais, et n'ayant eu autour de lui personne de suffisamment éduqué pour le faire psychanalyser, il est très probable qu'il mourra de misère sur son matelas d'or !

Cas analogues

On trouve des cas analogues parmi ceux chez qui cette fixation, appelée en psychanalyse « caractère anal », a eu lieu. Si la matière fécale ne peut être indéfiniment thésaurisée, l'argent, les objets de valeur peuvent l'être. Aussi peut-on citer les cas suivants :

— Les *collectionneurs* : surtout ceux qui cachent soigneusement leurs collections.

— Les *personnes ayant un sens exagéré de l'ordre*, qui se plaisent à tout enfermer dans des armoires, des tiroirs, etc. ;

— Les *entêtés* qui se refusent à céder (bébés, ils se refusaient à céder aux objurgations de leur mère) ;

— Les *dominateurs* : bébés ils ont dominé leurs parents en refusant de leur obéir et en leur tenant tête.

Conduite voluptueuse...

Le compteur marquait 140.

A trente-cinq ans, Gérard — sa situation aisée lui permettait de posséder de belles et puissantes voitures — adorait conduire vite.

Danielle posa sa main sur la cuisse de son amant. Elle aussi aimait la vitesse, mais pour une tout autre raison.

Lentement, sa main s'approchait de la fermeture du jean.

— Non, murmura Gérard, non... ne fais pas cela, nous allons trop vite.

Elle rit... Un petit rire nerveux.

— Tu ne vas quand même pas me dire que tu as peur !

Il ne répondit pas, partagé entre la conduite de sa voiture et le plaisir qui montait en lui... venu des doigts agiles qui passaient et repassaient en attouchements légers sur le tissu du pantalon. Le plaisir devenait de plus en plus fort mais il ne voulait pas diminuer sa vitesse. Vanité puérile de l'homme à qui la femme vient de dire : « Tu as peur » ? Il redit pourtant :

— Arrête !

Mais, au lieu de lui obéir, Danielle, comme par une contradiction perverse, avait relevé de son autre main sa jupe jusqu'à son porte-jarretelles et, glissant ses doigts sous son slip se caressait à son tour, d'une main tout aussi nonchalante qu'experte. Ce qui ne l'empêchait pas, ayant sorti du jean le pénis de Gérard de le masturber du même mouvement lent d'abord puis de plus en plus saccadé.

Elle haletait au comble de l'excitation sexuelle qu'augmentait encore celle de l'ivresse due à la rapidité de la voiture. Cette excitation érotique avait gagné l'homme... L'orgasme arriva plus vite que prévu, violent, le privant de ses réflexes.

Un routier évita par miracle la voiture. Il injuria copieusement Gérard. Et puis ce fut le bond dans le fossé. Par quel sens, indépendant de sa volonté, sa main avait-elle rétrogradé à temps, fait les gestes nécessaires pour éviter l'accident grave ? Gérard eût été incapable de le dire !

A côté de lui, Danielle hurlait, non pas de peur, mais de jouissance. Dégrisé, il se jura de ne plus jamais remonter en voiture avec elle.

Ce qu'il ignorait, la connaissant depuis peu, c'est que, quelques semaines auparavant, au cours d'un « accès de neurasthénie » avait dit le vieux médecin de famille, la jeune fille avait tenté de se jeter sous un métro. Ç'avait été miracle si quelques personnes, ayant pressenti instinctivement son geste, l'avaient rejetée à temps en arrière...

— Mais pourquoi, pourquoi as-tu voulu faire cela ? avait sangloté sa mère qui, trois pas derrière elle sur le quai, avait assisté, impuissante et effarée, à ce qui avait failli être un accident mortel.

Danielle avait haussé les épaules :

— Je ne sais pas... Ça m'a prise comme ça... J'ai vu la rame qui arrivait et j'ai eu envie de me jeter dessous... Cafard !

— Mais tu as tout pour être heureuse. Je ne comprends pas !

Comment aurait-elle pu comprendre ce que sa fille ne comprenait pas elle-même ?

Et comme Danielle était romantique et aimait la poésie, elle avait murmuré les vers de Verlaine : « C'est bien la pire peine/ De ne savoir pourquoi/ Sans amour et sans haine/ Mon cœur a tant de peine ! »

Anti dépressifs, vacances au soleil, rencontre avec Gérard, rires et plaisirs... tout semblait rentrer dans l'ordre.

— Vous voyez bien que ce n'était qu'un peu de « vague à l'âme », avait dit le médecin, bon généraliste et brave homme (le seul mot « psychanalyse » le mettait hors de lui). Toutes les jeunes filles ont leur petite crise de mélancolie... Ça passera avec le mariage !

Pour lui ça équivalait à une poussée d'acné qui « passe » avec le mariage... Rien de plus !

Il ne s'était pas aperçu — pas plus que les parents de la jeune fille d'ailleurs — que les livres de chevet de celle-ci traitaient des médicaments, ou des manières les plus faciles de se suicider...

La « petite crise de mélancolie » pourtant se manifesta à nouveau. Cette fois sous la forme d'un tube de barbituriques avalé quelques jours après sa rupture avec Gérard, alors qu'elle semblait y avoir attaché peu d'importance et que déjà, un José, espagnol, macho et jouant de la guitare comme un professionnel, se pointait à l'horizon.

Transport à l'hôpital en urgence, lavage d'estomac. Le psychiatre du service où elle avait été transportée avait jugé bon de la garder quelques jours sous surveillance.

— Je ne supporte pas d'être ici... Je sortirai par n'importe quel moyen..., avait affirmé Danielle.

Le moyen elle le trouva, deux jours avant celui où, la croyant guérie, on l'avait autorisée à partir. Elle se jeta par la fenêtre !

Sa chambre était au troisième étage. Le bassin brisé, elle restera paralysée des deux jambes pour le restant de ses jours. Aujourd'hui, c'est un ravissant buste de jeune fille que l'on promène en fauteuil roulant. Elle a vingt-quatre ans.

La clé de ce fantasme

La mort ! Inconsciemment Danielle veut mourir.

Les symboles

Faire l'amour en voiture. Tenter de se jeter sous le métro. L'empoisonnement aux barbituriques. Enfin, la défénestration.

Pourquoi ?

Parce que, sans que son entourage s'en aperçoive, sans qu'elle-même le réalise consciemment, Danielle est une « suicidaire ».

Son fantasme (combien de fois l'a-t-elle confié à ses amies) : « faire l'amour en voiture », le prouve déjà. Ce pourrait n'être qu'un accès passager, un flirt avec la mort qui augmente encore l'intensité du plaisir. Lors d'un récent sondage, 46 % des personnes interrogées ont répondu qu'elles aimaient ou aimeraient « cela ». Certes, il ne sont pas tous pour autant « suicidaires » au sens psychotique du terme mais il s'agit quand même d'un fantasme où, momentanément, la mort tient son rôle !

La solution

Il aurait fallu, dès la première tentative de suicide — que, de plus, rien ne rendait admissible — mener Danielle chez un psychiatre.

Cas analogues

Les psychiatres considèrent les pilotes de course, les « flambeurs », les militaires de carrière, les alcooliques, les fumeurs invétérés, les drogués, comme des suicidaires.

Un « vrai » homme

Mi-littérateur mi-aventurier, il remplissait le petit écran de sa prestance de mâle. Malgré ses 80 ans, il avait encore ce pouvoir magique de l'imaginaire. En l'écoutant on le « voyait » remontant l'Amazonie, échappant aux rapides et aux crocodiles, mourant de soif dans le désert, de froid dans l'Antarctique et repartant toujours vers l'aventure...

— Ça, c'est un homme ! souffla Catherine à sa sœur, en extase comme elle devant la télévision, pendant que leur mère, à peine rentrée de son bureau, remuait agilement les casseroles dans la cuisine.

— Tu parles, dit Solange... je me ferais bien sauter par lui.

Elle avait 15 ans, l'âge des mots osés.

Sa sœur aînée — 17 ans — ne l'écoutait même pas. Fascinée par celui qui, droit, l'œil brillant, à peine ridé, racontait ses combats avec la vie.

Au lycée, beaucoup les croyaient sans père : elles parlaient uniquement de leur mère.

Ce n'était qu'à Josette, son amie intime, un jour de cœur trop gros, que Catherine avait confié :

— Notre père, c'est comme s'il n'existait pas. Il est gentil, jamais il ne nous fait un reproche, mais si veule, si mou, si inconsistant... Heureusement qu'il y a maman ! Elle est nos parents à elle seule.

Ensemble les deux sœurs « fantasmaient » sur John Wayne dans ses rôles de vieux cow-boy et allaient voir tous les films des séducteurs qui, frisant la soixantaine, restaient vigoureux et pleins d'allant.

Curieusement, les jeunes premiers ne les intéressaient pas.

— Chérie, tu as 25 ans, et moi j'ai l'âge d'être ton... père. Que tu m'aies pour amant, passe encore, cela durera le temps que tu te lasses de moi... mais m'épouser !

Michel était bronzé par le soleil, avec un corps d'homme jeune malgré ses 60 ans. Il se tenait en marin expérimenté, jambes écartées et solidement plantées, sur le pont de son voilier.

— Nous allons rentrer au port, le vent s'est levé et la mer est trop mauvaise.

Catherine le regardait, admirative. Elle se fit chatte pour dire :

— Si nous descendions à la cabine ?

Il eut son grand rire sonore.

— Non. Pas au moment où la Méditerranée se fait méchante ! Je ne veux pas mourir, même avec toi... (Il eut une inflexion tendre), surtout avec toi... mais nous serons au port dans une demi-heure au plus.

Elle n'insista pas, malgré son envie de lui. Elle savait qu'il avait raison, comme toujours, et qu'il ne servait à rien de vouloir lui résister.

Maintenant, amarré au ponton, le voilier se balançait doucement, une douceur de berceau.

Michel avait rentré son 12 mètres avec une précision de grand navigateur. Sur ce bateau-là, il était allé avec deux copains jusqu'aux Antilles.

Pour Catherine, il s'était contenté des Baléares. La cathédrale de Palma se dressait dans sa majestueuse splendeur devant eux.

Elle chuchota :

— C'est là que je voudrais me marier... Crois-tu que ce soit possible ?

Michel était amoureux fou de cette jeunesse si proche... si lointaine pourtant ! Il ne put s'empêcher de soupirer :

— Petite, pense à la différence d'âge qu'il y a entre nous... C'est impossible !

Elle prit cet air d'enfant buté qu'il connaissait bien :

— Tu sais que ma sœur se marie dans deux mois !

Il eut un sourire un peu crispé :

— Et quel est l'heureux élu ? Un beau jeune homme je présume ?

Elle le regarda, moqueuse. Ses yeux verts se reflétaient dans les yeux bruns que ne vieillissaient pas les légères plissures des paupières.

— Solange a deux ans de moins que moi... et elle épouse un homme qui a un an de plus que toi !

Il caressa le corps souple dans sa tiède nudité qu'il tenait serré contre son torse bronzé, musclé, de marin, comme s'il avait peur qu'il lui échappe. Une fois de plus Catherine venait de faire l'amour avec lui : elle s'était donnée entièrement, avec une telle fougue, une telle joie dans le plaisir qu'il en restait haletant toujours stupéfait de cet amour qui lui rendait sa jeunesse. Il ne pensait plus à son âge quand il était en elle, jouissait d'elle... Le ventre de la jeune femme comme un arc, sous sa main qui jouait avec lui remontait, vers les hanches et les petits seins que l'orgasme avait durcis.

Elle tâta en riant la poitrine musclée de son amant :

— Nous pourrions faire un double mariage... le même jour !

Comme elle était bien dans ses bras, si sûrs, si vigoureux. Elle savait qu'avec Michel, grâce à lui, elle pourrait affronter la vie. Se reposer sur lui. Il la gâterait, certes, mais aussi, quand il le faudrait, il saurait dire « Non » comme tout à l'heure.

D'un baiser elle lui ferma la bouche avant qu'il ait le temps de lui répondre :

— Dis-moi que tu es d'accord, supplia-t-elle avec cette grâce enfantine qui avait séduit Michel.

Comment aurait-il pu résister plus longtemps, alors qu'il ne demandait que cela.

— Tu sais, dit-elle, en cachant son visage sur l'épaule de l'« homme », tu sais, je fantasmais autrefois sur John Wayne. Quand je t'ai vu, j'ai tout de suite trouvé que tu lui ressemblais !

La clé de ce fantasme

Sans que Catherine et sa sœur s'en rendent compte, c'est leur père qui est responsable de ce fantasme qui les pousse à ne s'intéresser qu'aux hommes beaucoup plus âgés qu'elles. Elles recherchent en eux le père qu'en fait elle n'ont pas eu ; un « vrai » homme sur lequel elles puissent s'appuyer, qu'elles puissent aussi respecter et, à qui, au besoin, elles « obéiront » comme des enfants.

La gentillesse excessive de leur père — toujours d'accord sur tout, ne se mêlant de rien — est le masque qui lui a servi à dissimuler son égoïsme et sa veulerie. Incapable d'un acte de courage ou même d'imposer sa volonté, refusant absolument les heurts et les difficultés de la vie que la mère des jeunes filles a dû assumer à elle seule.

Sa profession — il n'a été qu'un petit fonctionnaire —, sa femme, ses enfants : rien n'a jamais compté pour lui. Une seule chose l'intéresse : qu'on le laisse tranquillement végéter dans son coin.

Pour ses filles il est inexistant : un « légume »

Le symbole

Il est ici transparent : l'homme beaucoup plus âgé — comme l'est obligatoirement un père —, mais ayant eu et ayant toujours une vie active.

Pourquoi

L'archétype du père, viril, « chef de famille », persiste dans le subconscient de Catherine et de Solange. Des liens affectifs profonds — voire amoureux comme ici — sont le transfert du « père » sur un homme qui représente cet archétype. Au cours d'une analyse le transfert aurait lieu sur le psychanalyste.

La solution

Comme sa sœur Solange, Catherine l'a inconsciemment trouvée : épouser un homme qui a 25 ou 30 ans de plus qu'elle, mais qui a toujours mené sa vie comme Michel mène son bateau et ses affaires : avec une volonté et un courage dus à la conscience de ce qu'il est, de ce qu'il vaut et de ses responsabilités.

S'il meurt ce qui est probable avant sa (trop) jeune épouse, du moins en aura-t-il fait une femme capable d'affronter la vie en adulte : ce qu'instinctivement elle recherche. Peut-être aussi le quittera-t-elle dans quelques années pour un autre homme, de son âge celui-là !

Jung, dans *le Moi et l'Inconscient*, rapporte des projections analogues de l'image du père sur un autre homme. Si ce n'est dans la vie, ce sera par l'intermédiaire du rêve où la fille verra son père, non avec son visage réel, mais avec celui qu'elle désirerait qu'il ait.

Cas analogues

Les femmes dont le père pour un motif ou un autre (veulerie, maladie, handicap, etc.) a été, durant leur enfance, « inexistant » ou encore celles qui en ont été privées complètement ou ne l'ont pas connu, soit que leur mère ait divorcé alors qu'elles étaient encore très jeunes, soit qu'enfants d'une mère célibataire elles aient ignoré celui qui les avait engendrées ; ou encore que leur père soit mort ou ait disparu avant leur naissance.

Inversement la fille ayant eu un père « exceptionnel » (ou qu'elle juge tel) le recherchera à travers les hommes de sa vie de femme. En fait, elle en était inconsciemment amoureuse (ce que Jung a nommé complexe d'Électre), et c'est ce père « supériorisé » qu'elle tendra à retrouver dans l'homme qu'elle aimera. Souvent son mari ressemblera, physiquement, à son père.

Le Don Juan

« Hier c'était l'automne et la rousseur blonde de ses feuilles, retenant encore, comme un dernier souffle, la chaleur de l'été. Aujourd'hui c'est l'hiver, qui glace tout, et l'arbre n'est plus que squelette. Qu'y puis-je ? Ainsi va le temps...

Hier je t'aimais Laurence... Aujourd'hui je ne t'aime plus. J'en suis désolé, mais je suis désolé aussi que l'hiver ait succédé à l'automne et je ne peux pas empêcher l'un plus que l'autre. Je t'avais prévenue, mais tu ne m'avais pas cru. On ne croit jamais que viendra l'hiver quand on est au printemps... »

Etc. Etc. Combien de fois avait-il écrit cela ? A combien de Laurence, de Sylvie, de Chantal ? ne prenant même pas la peine de changer un mot, — si ce n'était le prénom — de cette lettre impertinente qu'il avait mise au point une fois pour toutes il y avait plus de 10 ans... Il pensa qu'à présent elle faisait un peu démodée et qu'il faudrait en faire une autre... Mais, tant pis, pour cette fois elle irait encore !

Ce n'était pas pour rien que ses amis avaient rebaptisé Philippe, Don Juan. A 35 ans, s'il n'était pas marié, en revanche ses conquêtes féminines ne se comptaient plus. Grand, mâle, beau, sportif, avec une belle situation, il était le prototype du rêve féminin... Et elles tombaient toutes dans ses bras. La dernière en date étant toujours persuadée qu'à elle, il ne résisterait pas, qu'elle saurait le garder... mais il n'y avait jamais de dernière.

Quelquefois aussi c'était un jeune homme efféminé qui tombait amoureux de cet homme viril dont il rêvait de devenir l'« ami »... Philippe ne disait pas toujours non. Cela l'amusait et l'excitait cette passagère homosexualité. Car le garçon ne restait pas plus longtemps dans sa vie qu'une jolie femme.

— Je vous parle sérieusement Philippe. Si vous voulez faire une carrière diplomatique, il faut *ab-so-lu-ment* vous marier !

L'ambassadeur regardait amicalement, presque paternellement, son premier attaché.

— Vous êtes promis au plus brillant avenir, mais que

diable, il faudra bien que l'on présente un jour « Madame l'ambassadrice... » si vous voulez être ambassadeur.
Il hésita, eut un petit sourire de connivence.
— Rien ne vous empêche d'avoir des à-côtés. Quel homme... mais sauvez la face ! Ayez une épouse légitime. Cela aussi fait partie de la Carrière.

Philippe était un ambitieux qui tenait à devenir ambassadeur. Il se fiança donc « pour de vrai » à une brune ravissante — lui qui n'aimait que les blondes — née, elle aussi, dans le monde diplomatique. Vingt-deux ans, tendre, sensuelle, cultivée et ... Il était follement amoureux — une fois de plus ! « Mais cette fois ce sera la bonne », se jura-t-il à lui-même !
Chantal, elle, adorait Philippe. N'avait-elle pas séduit Don Juan ? Elle était l'élue, celle qui allait l'épouser...
— Sais-tu que je fantasme sur Don Juan depuis mon enfance. J'ai toujours rêvé de le séduire. C'est fait, n'est-ce-pas ?
Il la prit dans ses bras.
— Oui.

Ce fut au cours d'un week-end à la campagne, dans la maison familiale de Philippe, qu'elle vit le tableau. Dans la chambre de son fiancé, une ravissante jeune femme blonde, au sourire spirituel, semblait la narguer. Immédiatement, elle se sentit jalouse de cette trop jolie femme. Il fallait que Philippe l'eût beaucoup aimée pour qu'il eût gardé ainsi son portrait... dans sa chambre !
— Qui est-ce, demanda-t-elle, avec une hostilité mal déguisée.
Il eut un sourire qu'elle ne lui connaissait pas : un sourire d'enfant :
— Maman !
Elle le regarda, incrédule.
— Ta mère, mais...
Et puis elle se rappela qu'on lui avait dit que Philippe avait perdu sa mère alors qu'il était encore très jeune.
Il ne regardait plus sa fiancée, seulement le portrait :
— Je venais d'avoir 14 ans quand elle est morte... C'était la plus jolie femme que j'ai jamais vue et la plus tendre, la plus

affectueuse des mères. Tu ne peux pas savoir comme j'étais fier d'elle, j'étais fou d'orgueil quand nous sortions ensemble. Une telle nostalgie dans sa voix...

— Elle avait 34 ans quand elle est morte. Je crois que c'est à cause d'elle que j'ai toujours eu une préférence pour les blondes.

Il regarda sa fiancée si brune, vit les yeux qui s'assombrissaient, tenta de réparer cette gaffe :

— Jusqu'à aujourd'hui ! ajouta-t-il, et il l'entraîna hors de la chambre pour l'embrasser longuement.

Curieusement, il ne lui demandait pas plus que ces baisers.

Cela étonnait Chantal, mais elle pensait que chez ce Don Juan, qui avait possédé tant de femmes, c'était peut-être une manière de la considérer, non comme une maîtresse de passage, mais bien comme sa future femme. Aussi ne disait-elle rien. Mieux valait attendre... et être la gagnante !

Ils sortaient beaucoup et elle n'avait pu s'empêcher de remarquer que, chaque fois qu'il y avait avec eux une jolie blonde, Philippe, presque malgré lui, ne pouvait s'empêcher de la regarder. Une amie intime de Chantal surtout : Éliane. Elle plaisait à cet homme qui avait juré de renoncer au don juanisme, c'était évident.

Une « amie intime », Chantal aurait dû se méfier ! Elle se méfia, surprit deux ou trois chuchotements ! Cela suffit : puisqu'il aimait les blondes !...

— Chéri, j'ai une surprise pour toi.

La voix grave, un tout petit peu trop « velours de séduction ».

— Quoi, mon amour ?

Leur mariage était fixé ; tout proche maintenant... dans trois semaines.

— Ah ! je ne te le dis pas, ce ne serait plus une surprise, tu le verras ce soir puisque tu dînes chez mes parents.

Ce fut la catastrophe... Devant les parents sidérés Philippe était la tempête faite homme.

— Comment as-tu pu... Comment as-tu osé ?

Les parents avaient d'abord été d'accord avec lui.

Qu'avait-il pris à leur fille de se faire décolorer ? Cette blondeur allait mal à cette brune, et puis fait-on cela sans en parler auparavant à sa famille, et surtout, oui surtout à son futur mari ?

Mais devant la fureur déchaînée de Philippe, ils étaient à présent effarés, puis indignés :

— Tu as l'air de quoi avec ces cheveux ? T'es-tu regardée dans une glace ? Ma parole on te prendrait pour un travelo !

Blême, Chantal ne trouvait pas de riposte. Elle avait tellement cru bien faire.

— Une vraie blonde... Oui, c'est ce qu'il y a de plus beau pour une femme, mais une fausse, quelle horreur. Et puis si je t'avais choisie, c'est que je voulais que ma femme soit brune. Qui crois-tu tromper ? Moi ! comme tu me tromperas réellement quand nous serons mariés ! Mariés... sûrement pas d'ailleurs !

Il avait claqué la porte et était allé tout droit se faire comprendre par Éliane qui était d'ailleurs sa maîtresse depuis quelques jours.

A la veille de son mariage, il venait de rompre, compromettant sûrement sa carrière diplomatique. Son don juanisme, une fois de plus, avait pris le dessus ; même sur son ambition ! Aussi cynique que le véritable Don Juan, n'importe quel prétexte avait été bon pour échapper à Chantal. N'importe quel prétexte ? Ce n'est pas si sûr...

La clé de ce fantasme

Le complexe œdipien. (Voir dans la seconde partie du livre « Œdipe »). Normalement cette passion du fils pour sa mère, qui correspond à la sexualité enfantine, passe avec l'âge.

Le symbole

Les femmes blondes qui représentent l'image de la mère.

Mais, à chaque fois comme elles le déçoivent par rapport à cette fixation, il les abandonne pour une autre chez laquelle il ne trouvera pas davantage ce qu'il cherche.

Pour épouse Philippe choisit d'ailleurs une femme *brune*, pour échapper à la blondeur qui l'obsède. Mais en même temps comme, épouse et mère de ses enfants, elle sera celle qui sera la plus proche de sa mère, elle devient tabou et, inconsciemment, il considère comme impurs des rapports sexuels avec Chantal. Il a recours à une autre femme (Éliane).

Pourquoi ?

Philippe a perdu une mère qu'il adorait au début de sa puberté (14 ans) alors qu'aucun autre objet amoureux n'avait pris la place de celle-ci. Inconsciemment il recherche le sentiment d'amour de sa première enfance, pour sa mère, qui, pour lui, était l'archétype féminin. Cela, d'autant plus qu'elle était jeune, belle, tendre, adorant sûrement son enfant et possédant aux yeux de celui-ci toutes les qualités.

Le désespoir consécutif à sa mort a été le point de fixation, qui a empêché Philippe d'évoluer normalement.

La solution

Seul un psychanalyste pourrait résoudre le problème de Philippe qui est fortement ancré en lui, puisqu'il n'hésite pas à lui sacrifier ses ambitions.

Cas analogues

Toutes les formes de don juanisme, célibataire invétéré qui finira « vieux beau », homme ne cessant d'aller de mariages en divorces.... Certains homosexuels s'identifient également totalement à leur mère.

Les clés

Ils avaient toute la journée joué dans l'eau et sur le sable. Comme deux gosses !

— Nous deviendrons adultes le jour de notre mariage disait en riant Kathy, il sera bien assez temps. Pour l'instant profitons de nos derniers jours d'enfance !

Et elle tendait ses lèvres à Georges. Ils devaient se marier à l'automne.

Dans la mer, leurs ébats étaient moins puérils qu'ils ne semblaient vus de la plage. La main de son fiancé s'égarait entre les cuisses de la jeune femme, caressait les boucles blondes du pubis que la mer emmêlait...

— Arrête, suppliait Kat, on va nous voir !

Mais ses jambes s'écartaient légèrement pour laisser les doigts du jeune homme caresser délicatement, roses comme la chair d'un coquillage, ses lèvres cachées. La caresse la faisait osciller et elle se rattrapait, avec un petit gémissement, à l'épaule du garçon en même temps qu'elle resserrait vivement ses cuisses que le pénis rigide de Georges effleurait en vain : elles refusaient de s'ouvrir.

— Enfin, s'impatientait-il une fois de plus, nous sommes en 1987. Tu ne vas pas me dire que tu attends notre mariage pour me laisser entrer en toi. C'est parfaitement ridicule et démodé !

— Eh si, disait-elle en s'enfuyant d'un joli mouvement de nageuse. Je suis démodée, d'accord, mais c'est comme ça.

Leur crawl régulier les allongeait l'un à côté de l'autre ; elle se mit sur le dos riant de la fureur impuissante du garçon : elle avait enlevé son slip et offrait à travers le miroir de la mer la vision tentatrice de ce qu'elle lui refusait.

Et, maintenant, ils revenaient vers la plage, enlacés, tellement beaux et rayonnant de leur amour qu'on ne pouvait s'empêcher de sourire à leur passage.

— Tu as les clés de la voiture, dit-il.

Elle les chercha dans son sac :

— C'est idiot ! j'étais sûre de les y avoir mises.

— Où avais-tu posé ton sac ?

— Sur la serviette de bain pendant que nous nagions.

Elle le regarda d'un air désolé :
— Elles ont dû glisser...
— Si elles sont tombées dans le sable c'est fichu ! on ne les retrouvera jamais.

Il regarda la moue enfantine, les yeux clairs où perlait, presque, une larme, et pensa avec tendresse : « Gardons les scènes de ménage pour quand nous serons de vieux époux. » Il posa sa main sur l'épaule de Kathy que le soleil avait fait d'or. De l'épaule elle glissa aux seins que moulait le soutien-gorge mouillé. Il les sentit frémir sous sa paume :
— Allez, viens... Tu avais posé nos affaires sur un rocher. Avec un peu de chance, on va y retrouver les clés.

Elles n'y étaient pas et ils promirent une glace à l'enfant qui les retrouverait dans le sable ; ce qui amena parmi les moins de dix ans la frénésie d'une fourmilière.

Et puis, le soleil disparut à l'horizon ; la plage se vida de ses temporaires habitants et Georges que l'histoire n'amusait plus téléphona pour avoir un taxi qu'il obtint enfin après une heure d'attente.

Ils ne rentrèrent à la maison familiale qu'après le dîner, pour trouver des parents inquiets et grognons ! Alors que Kathy montait dans sa chambre, Georges repartit dans le même taxi avec le double des clés, heureusement restées à la maison, chercher la voiture.

Mais le lendemain matin était radieux et le soleil et le bonheur d'être jeunes et de s'aimer avaient dissipé tous les nuages.
— Je te jure que je ferai très attention, avait promis Kathy. Jamais plus je n'emporterai les clés sur la plage.

Promesse tenue ! quarante-huit heures après elle claqua la portière qui se fermait automatiquement, en laissant les clés à l'intérieur de la voiture !

Mais la vitre était restée entrouverte sur deux centimètres et, triomphante, la jeune fille, après trois quarts d'heure d'essais infructueux entrecoupés de fous rires, arriva à dé-clencher la fermeture automatique et à ouvrir la portière.
— Ne recommence pas, dit Georges en l'embrassant. D'ailleurs donne-moi ces clés.

Mais elle s'entêta : c'était un manque de confiance de Georges, de s'imaginer qu'elle recommencerait.

Elle les perdit, les retrouva, les reperdit au moins dix fois en ces vingt jours de vacances... C'en était presque devenu un jeu entre eux.

— Tu as encore perdu les clés, disait Georges avant d'arriver à l'auto. Elle les exhibait triomphalement ou prenait l'air désespéré.

Heureusement il y avait le second trousseau ! A la fin pourtant il les confisqua. Peut-être était-il de mauvaise humeur parce qu'une fois de plus elle s'était refusée à lui.

— Perdre tes clés, dit-il avec humeur, est devenu un véritable fantasme chez toi !

Il ne croyait pas si bien dire.

Le prêtre les avait unis « pour le meilleur et pour le pire ». Dans le tumulte des orgues et des cloches Kathy sortait de l'église, radieuse, blanche et pure mariée.

Réception, félicitations... Laissant les autres devant le buffet du lunch, les nouveaux époux s'enfuirent vers le bonheur et la nuit de noces... « Après tout, pensait Georges, Kat avait peut-être eu raison de le faire attendre. Ce n'était pas désagréable, même d'un érotisme un peu rétro — mais pas sans saveur — de penser que, dans quelques heures, elle serait vraiment sa femme. Tout en conduisant il imaginait ce qui allait se passer. L'espace d'une seconde sa main quitta le volant pour caresser la cuisse de Kat.

Seulement ce qui se passa n'avait rien à voir avec ce qu'il avait imaginé.

Après les jeux préliminaires auxquels ils étaient habitués, lorsque Kathy vit la verge dressée de son mari, prête à la pénétrer, elle poussa un hurlement de terreur.

Avant que Georges eût pu comprendre ce qui se passait, elle avait sauté hors du lit et s'était précipitée dans la salle de bains. Son mari interdit entendit en même temps le verrou qu'elle tirait pour l'empêcher d'entrer et les sanglots qui préludaient à une magnifique crise de nerfs.

La clé de ce fantasme

Un fait réel représenté par une fiction symbolique — ici les clés — tourne à l'obsession. Plus le jour du mariage approche plus souvent Kathy perd ses clés.

Le fantasme est alors l'équivalent d'un rébus. Il faut trouver ce que, derrière ses lignes enchevêtrées, représente le dessin qui y est caché.

Si Georges l'avait compris au lieu de rire de ces clés perdues il s'en serait inquiété et aurait cherché à comprendre ce que leur symbole dissimulait.

Le symbole

La *clé* est un symbole phallique. Perdre ses clés c'est vouloir rester fermé, refuser de s'ouvrir, donc refuser la pénétration. Kathy pourrait aussi perdre ses *cigarettes* ou ses *ciseaux*, autres symboles du pénis.

Elle ne se rend pas compte, consciemment, de ce refus, mais son subconscient, lui, « sait ». Il l'en avertit par le symbole de la clé qu'elle ne décodera, malheureusement, que la nuit de ses noces.

Ce n'était pas parce qu'elle était *démodée* qu'elle refusait de se donner à Georges avant le mariage, mais parce que la crainte lui faisait repousser le plus loin possible cet acte décisif qu'elle refuse.

Pourquoi ?

Sans doute dans sa première enfance Kathy a-t-elle vu deux adultes faisant l'amour et a-t-elle pris les gémissements de plaisir de la femme pour ceux de la douleur. Elle a beau maintenant savoir la vérité, ce n'en est pas moins ancré dans son inconscient.

Ce peut être aussi plus grave. Peut-être, très jeune, a-t-elle été victime d'une tentative de viol ? Tentative dont elle n'a parlé à personne et enfouie au plus profond d'elle-même. En apparence elle a oublié cet épisode, mais en apparence seulement.

La solution

Il faudra tout l'amour et la délicatesse de son mari pour la débloquer et lui faire accepter de « s'ouvrir ». Et peut-être même l'intervention d'un psychanalyste sera-t-elle nécessaire.

Cas analogues

Toutes les femmes, vierges ou non, qui, pour une raison inconnue qu'il faut découvrir craignent — tout en la désirant — la pénétration.

Le souhait

Ils étaient trois, la quarantaine, à bavarder en finissant de déjeuner. Trois : un industriel, sa femme et sa belle-sœur.

C'était le week-end, un week-end de juin, tout enrubanné de roses qui se tressaient en guirlandes le long des murs.

Robert était ce qu'on a l'habitude d'appeler un bel homme, un peu massif mais un visage intelligent, bien musclé, sans graisse superflue. « Le golf, disait-il... il n'y a pas mieux comme gymnastique. »

Et c'était vrai qu'il passait toutes ses fins de semaine à y jouer... Il y avait un terrain de golf à quelques mètres à peine de sa maison de campagne. C'était pour cela qu'il avait acheté celle-ci plutôt qu'une autre qui plaisait pourtant plus à Jane, sa femme, mais, comme d'habitude, elle avait cédé. Sans doute, parce que de toute manière, il en aurait fait comme il l'avait décidé !

Il s'était levé :

— Je vais faire quelques trous. Rien de mieux pour digérer un trop copieux déjeuner !

— Oh toi, dit en riant sa femme, tu fantasmes sur la balle... C'est vrai que tu es un bon joueur !

Il haussa les épaules, s'adressant à sa belle-sœur :

— Tu l'entends Renée, je fantasme... les jeunots et les femmes — il eut vers la sienne un mouvement de tête indulgent et amusé, très « chef de famille » —, ils n'ont que ce mot-là à la bouche ! C'est la nouvelle mode !

— Et après, dit Jane se rebellant. Tu n'as pas de fantasmes, toi ?

— Non, dit-il, une petite lueur ironique dans l'œil. Moi, je n'ai pas le temps !

Il pensa quelques secondes à ses soucis de patron, à son métier qui mobilisait toutes ses forces, toute son intelligence. Mais comment sa femme — il la regardait avec amour — pouvait-elle le comprendre ? Comprendre son travail d'homme ! Elle, elle n'avait qu'à se laisser vivre !

Elle dit, un peu rancunière :

— Vous n'avez pas d'imagination, vous, les bonshommes...

Il rit franchement. Tout cela était balivernes et ne l'atteignait pas.

Il attrapa son sac de clubs.

— Eh bien, fantasme avec ta sœur ! Moi, je vais au golf. A ce soir.

— C'est quand même vrai que c'est un bel homme dit Renée qui regardait partir son beau-frère... mais ce qu'il peut être macho !

Jane haussa les épaules :

— Il est comme il est...

Sa sœur la coupa :

— Des fantasmes ! Il me fait rire... Nous en avons tous ! Tu n'en as pas toi ?

Jane hésita une seconde :

— Oui.

— Oh ! raconte ! Je te dirai les miens après.

— C'est que... enfin, c'est ridicule !

— Mais encore ?

— Tu n'en parleras pas ? tu ne les raconteras pas ? surtout pas à Robert.

— Tu es folle...

— Jure-le-moi !

Elle rit :

— Croix de bois, croix de fer.

Renée commençait à être intriguée. Quel était donc le fantasme de sa sœur qui faisait rougir celle-ci comme une enfant coupable ?

— Voyons... on s'est toujours confié tous nos secrets !

— Eh bien, voilà... mais c'est tellement bizarre.

Elle se pencha vers son aînée, et, à mi-voix, gênée dit :

— Quand nous faisons l'amour Robert et moi..., tu sais avec lui c'est comme pour ses affaires, bien fait vite fait..., tandis que moi je suis une lente, alors il faut que je me raconte des histoires pour arriver en fin de parcours en même temps que lui...

Sa sœur se mit à rire :

— Ce n'est vraiment pas bien méchant ! Qui n'en a pas fait autant, surtout au bout de quinze ans de mariage !

— Oh ! ce n'est pas cela ; c'est ce que je me raconte qui

est vraiment mon fantasme... Car c'est toujours la même chose qui me donne envie de...

Elle laissa son regard errer sur le jardin candide. Les fleurs avaient-elles des fantasmes ?

— C'est tellement ridicule que je n'ose même pas te le dire.

Et d'un souffle :

— Ecoute : je m'imagine que Robert fait l'amour avec un homme !

Stupéfaite, Renée regardait sa sœur... Robert qui ne supportait pas les « pédés » !

— Eh bien, ça, c'est vrai, je ne m'y attendais pas. Lui non plus d'ailleurs... s'il le savait !

Elle avait du mal à ne pas rire.

— Et le plus fort, disait Jane, que plus rien maintenant ne pouvait retenir dans la voie des aveux, ne crois pas que je pense qu'il est actif. Non c'est lui qui est passif : je le « vois », agenouillé, présentant ses fesses à un autre homme..., du genre costaud, tu vois ce que je veux dire... Un routier, tiens ! Un routier qui lui ordonne : « Donne-moi ton... » Et alors j'imagine la verge dressée dirigée vers son... Comment dit Roger Peyrefitte ? Ah oui ! son « œil de bronze ». Et plus j'imagine un grand et gros pénis, plus ça m'excite, et je jouis toujours au moment où... où Robert se fait...

— Enc..., acheva tranquillement sa sœur. Eh bien, ma chérie, ça c'est un vrai fantasme, car je ne vois vraiment pas ton mari...

Elles se regardèrent, et, comme lorsqu'elles étaient enfants, éclatèrent ensemble d'un même rire.

— Robert, le patron devant qui tremblent tous ses employés, le « mâle » ! reprit Renée.

Nouveau fou rire inextinguible.

Renée se calma une seconde pour dire :

— Où es-tu allée chercher ça ?

La clé de ce fantasme

Les clés plutôt, car il s'agit là d'un fantasme double. L'une ouvre le symbole de la rancune de Jane contre son époux. L'autre celui de son propre désir.

Le symbole

La sodomisation.

Pourquoi ?

Prenons la première clé : elle ouvre sur ce que Jane souhaite aussi ardemment qu'inconsciemment : Que Robert, ce « macho » qui la domine sur tous les plans, qui est le « chef » chez lui comme à son usine — il dirige sa femme comme il dirige ses employés —, soit à son tour celui qui obéit, s'humilie. Imaginer son mari soumis à un autre homme, comme elle-même est soumise à lui, la venge jusqu'à la faire jouir. Il est abaissé, humilié dans sa virilité, ridiculisé. A une époque où les homosexuels sont pourtant à peu près admis par la société, il n'en reste pas moins que le mot enc... reste la suprême injure. Il n'y a qu'à écouter deux automobilistes s'injuriant !

La seconde clé, elle, ouvre le secret sexuel de celui qu'elle ne s'est sans doute, non plus, jamais avoué à elle-même : son mari « prend son plaisir » sans s'occuper de celui de sa femme.

Pourquoi ?

Jane qui a la quarantaine a sûrement été élevée en province — peut-être même chez les sœurs. En tout cas, dans un institut religieux dont les principes moraux ont formé sa conscience et son « surmoi »... Ses parents et ses éducateurs lui ont enseigné la même chose : l'homme est le « chef de famille », la femme lui doit obéissance comme le lui a dit le prêtre qui les a mariés et elle n'osera jamais aller contre sa volonté. Elle est heureuse, en apparence, gâtée, adulée par son époux, mais l'autoritarisme de celui-ci passe avant tout. On l'a vu : quand il s'est agi d'acheter une maison à la campagne, ce n'est pas celle que Jane souhaitait mais celle que Robert a décidé d'acheter parce que *pour lui* elle était plus pratique.

Il en est de même sur le plan sexuel : pour arriver à l'orgasme Jane aurait besoin de caresses plus longues, plus savantes. Du stade anal est resté dans son subconscient un désir qu'elle ignore consciemment parce qu'elle le refoule. Elle fait donc un report sur son mari de ce qu'elle désire inconsciemment.

La solution

Il n'y en a pas. Jane n'est pas vraiment malheureuse... Elle ignore — et tient de toutes ses forces à ignorer — des choses que son subconscient ne lui révèle que par le biais de fantasmes. Fantasmes qui la satisfont. Le sifflement permet à la vapeur de s'échapper et la bouilloire n'éclate pas...

Cas analogues

Beaucoup de femmes de quarante, cinquante ans qui ont été élevées dans le respect de l'homme. Et plus qu'on ne le croit de « jeunes » qui ont, enregistré dans leur mémoire génétique, cette prédominance masculine et s'en délivrent par quelque fantasme !

La femme battue

Elles étaient au soleil de la plage... A quelques pas, la mer psalmodiait en sourdine des récits d'aventures et d'aventuriers : la plus jeune avait seize ans, la plus âgée en avait vingt et un.

Des aventures des autres, elles s'étaient laissé aller à conter — plus ou moins vraies — les leurs. De là à passer à leurs fantasmes, il n'y avait que le temps d'une vague.

— Oh moi, dit Bernadette qui venait de terminer brillamment ses études, ce que j'aimerais c'est être battue... Mais être battue à mort, avant de faire l'amour ! Ce que ça pourrait m'exciter. Un homme plus âgé que moi — pas un gamin ! — qui m'enverrait une paire de gifles. Et puis il m'attacherait avec des chaînes qu'il serrerait très fort autour de mes poignets et de mes chevilles. Je serais à moitié nue. J'aurais gardé par exemple mon soutien-gorge et mes bas, mais il m'aurait enlevé mon slip... et j'aurais beau me tordre dans mes liens je ne pourrais pas me dégager. Alors il viendrait avec une longue cravache et me fouetterait, me fouetterait jusqu'à ce que je hurle de douleur, mais il continuerait malgré mes cris !

Elle frissonna comme si elle ressentait les coups sur son dos, ses fesses, ses seins qu'elle caressait doucement.

Et comme elle voyait les sourires sceptiques des autres, elle ajouta, bravache, du haut de ses dix-huit ans :

— Je l'ai déjà fait. Il y a qu'avec « ça » que j'y arrive !

L'une des cinq dit d'un ton qu'elle voulait détaché :

— C'est l'homme des cavernes que tu souhaites : un bon coup de massue sur la tête et, hop ! viens ici que je te viole !

Bernadette haussa les épaules :

— Tu ne peux pas comprendre !

Se comprenait-elle elle-même, ou, songeuse-menteuse, voulait-elle épater les copines ?

— Eh bien, tu vois, dit l'une d'entre elles, ironique, — peut-être jalouse de n'avoir pas trouvé aussi bien —, tu m'aurais dit que tu aimais les femmes, cela m'aurait moins surprise !

Bernadette sourit, mystérieuse :

— J'aimerais bien aussi qu'un homme nous surprenne, moi et une autre femme nous embrassant, et qu'il nous batte toutes les deux ! Très fort, très violemment, comme pour nous punir.

Elles étaient toutes deux au coin d'un feu de juin ; un juin pas très chaud, dont on profitait, après les flammes du soleil de midi, pour retrouver, le soir, celles, romantiques, d'un feu de bois. Bernadette et Anne ; celle-ci, plus âgée que la première, était intriguée professionnellement (elle préparait un diplôme de psychologie) par cette fille-enfant aux longs cheveux bruns, aux yeux changeants.

Elles bavardaient à mi-mots, rompus par le crépitement des flammes, sans que Bernadette s'aperçût vers où son aînée voulait l'amener. Parler des autres aboutit toujours à parler de soi-même. Deux verres d'alcool blanc dont Bernadette n'avait pas l'habitude aidèrent aux confidences.

Ce fut brutal et simple, comme une phrase quelconque :

— J'ai tué papa !

On a beau être à quelque mois de sa thèse, il y a des choses qui vous font encore sursauter...

— Tu as tué ton père ?

— Oui.

L'euphorie de l'alcool dégageait la jeune fille de cette gangue de mystère où elle se plaisait à s'enfermer.

Anne s'était ressaisie ; elle tendit un paquet de cigarettes, demanda comme la chose la plus normale :

— Et comment ça ?

— Eh bien, tu sais maman est russe...

— Oui...

— C'était une grande pianiste, mais papa détestait le piano. Alors il lui a interdit de jouer ! Du coup elle l'a détesté. Elle avait raison.

Ce n'était pas une question, une affirmation. « Probablement vrai », pensa Anne.

— Elle le haïssait ! Et pourtant elle était tellement belle, tellement... Elle cherchait le mot exact.

— Tu aimes beaucoup ta mère ?

Bernadette hésita ; puis se tut. Il y avait là un blocage. Anne le sentit, n'insista pas. Elle évita le sujet, revint au premier.

— Mais ton père, comment l'as-tu... tué ?

— Eh bien, un jour, au petit déjeuner — Maman et moi on le montait toujours à mon père, dans son lit... Maman a mis une poudre dans le bol de café au lait et elle m'a dit : « C'est du poison. Ton père va mourir, mais il se méfie de moi, alors il faut que ce soit toi qui le lui montes... pour qu'il ne se doute de rien ! »

— Et tu l'as fait ? demanda avec douceur Anne (ne jamais effaroucher le patient ni mettre en doute ce qu'il dit...).

— Oui. J'ai hésité devant la porte. C'était grave : j'allais tuer mon père ! J'ai hésité quelques minutes.

— Quel âge avais-tu ?

— 9 ans... et puis je me suis décidée. Je suis entrée, j'ai dit : « Bonjour papa », je lui ai tendu le bol et je l'ai regardé boire. Et puis j'ai attendu qu'il meure.

— Il est mort longtemps après ?

— Il n'est pas mort.

Anne regarda Bernadette : elle ne comprenait plus. Si c'était l'affabulation d'une mythomane la fable devait aller jusqu'au bout.

— Maman n'avait pas mis du vrai poison. Tu comprends, elle se vengeait de papa en esprit, pas en réalité.

— Alors, tu n'as pas tué ton père ?

— Si. Je l'ai tué. Puisque j'étais sûre qu'il allait mourir, je l'ai tué.

C'était aussi clair, aussi simple que du Dostoïevski ! L'âme russe...

— Après, continua Bernadette, il a été mort. Je ne lui parlais plus, je ne le voyais plus.

D'une voix sourde, elle expliqua :

— Tu comprends, s'il m'avait battue, battue jusqu'à ce que j'en meure presque, ce n'aurait pas été pareil : il serait resté vivant pour moi : il aurait fait ce qu'il aurait dû faire : me punir !

— Mais puisqu'il ignorait que tu avais voulu l'empoisonner.

Bernadette haussa les épaules, cela était sans importance.

— Quand j'ai eu 15 ans, j'ai voulu que son meilleur ami fasse de moi sa maîtresse. Pour me venger... Me venger de ma mère qui m'avait fait tuer mon père, de papa qui ne m'avait pas punie. Il a commencé par monter sur ses grands chevaux et m'a envoyé une belle paire de gifles « pour m'apprendre ». Elle eut son air narquois. Mais après, il a quand même couché avec moi !

Le feu de la cheminée n'était plus que braises. Bernadette s'était tue. Anne était sûre que ce qu'elle venait de lui raconter était vrai.

La clé de ce fantasme

L'autopunition. Bernadette veut se punir d'avoir « tué » son père. Car sa conscience lui reproche ce « crime » comme s'il était réel puisqu'elle l'avait admis, qu'elle avait accepté de le réaliser.

Les symboles

Les hommes plus âgés qu'elle qui la battent (son père — par leur intermédiaire — la bat pour la punir de l'avoir « tué »). Mais cette punition Bernadette voudrait inconsciemment la rejeter sur sa mère, ce qui explique son blocage quand Anne lui demande si elle aime celle-ci. Elle l'aime sûrement, mais en même temps nie cette affection qui l'a rendue coupable.

De même elle fantasme sur un homme qui battrait une autre femme en même temps qu'elle.

Pourquoi ?

Il faut, pour bien comprendre ce mélodrame, se rappeler que la mère de Bernadette est russe. Celle-ci aime cette atmosphère dramatico-romantique slave. Elle n'y attache pas du tout la même importance que sa fille. Elle se joue une pièce en faisant porter un café (faussement) empoisonné à son mari par Bernadette. La pièce jouée, elle n'y songe sans doute même plus. Alors que cela va perturber gravement la petite fille qui, elle, a cru en la réalité de l'acte qu'elle accomplissait. Jusqu'à quel point pour en être restée aussi complexée n'a-t-elle pas voulu seulement obéir à sa mère mais inconsciemment souhaiter, *elle aussi* tuer son père par amour pour sa mère ?

Pourtant, dans son subconscient, elle reporte (avec raison)

sur celle-ci la punition qu'elle croit avoir méritée : elles devraient être punies toutes les deux. D'où son deuxième fantasme : elle voudrait qu'un homme les batte, elle et une autre femme ! Il ne s'agit nullement d'une histoire d'homosexualité : elle ne dit pas : « une femme avec qui je fais l'amour » mais parle d'une femme qu'elle « embrasse » — comme elle embrasse sa mère ! La punition est pour elles deux qui ont péché !

Il s'agit bien là d'une autopunition, dans sa plus stricte expression. Ce n'est pas un fantasme érotique dû à une jouissance onanique de la prime enfance, mais bien le fait que Bernadette ne peut trouver le plaisir que si elle a été punie auparavant, sinon le blocage persiste : l'interdiction de jouir est devenue la première autopunition. Il faut la battre pour l'en délivrer. A ce moment-là seulement, elle se débloque et peut jouir. Il n'y a pas non plus comme chez Élyette (voir le récit « Le viol ») complexe d'échec. La vie matérielle de Bernadette n'est pas altérée par ce fantasme. Elle réussit ses examens sans problème. Alors que chez Élyette, tout se passe en rêve et en imagination. Ici, au contraire, c'est uniquement la réalité qui joue. Elle ne recherche pas l'échec, mais bien la punition brutale (la « fessée » de l'enfant : ne dit-elle pas : « Si mon père m'avait battue » ?).

La solution

Il n'y en a qu'une et il faut espérer qu'Anne la fera comprendre et admettre à Bernadette : aller voir un psychanalyste.

Une analyse simple serait suffisante car, inconsciemment (en se racontant à Anne), elle s'autoanalyse elle-même. Son subconscient et son conscient sont très proches l'un de l'autre et il ne serait pas très difficile de faire comprendre à cette fille sûrement intelligente le « pourquoi » de son fantasme.

Cas analogues

Tous les cas d'autopunition par flagellations ou sévices corporels et les cas de masochisme ou même de sadisme (inverser la punition : punir pour punir de n'être pas puni).

3.

Le Fantasme

A l'État de Rêve

La panthère

C'était une jungle à la Douanier Rousseau avec ses cactées rigides se dressant vers le ciel, ses buissons aux larges feuilles raides qui paraissaient découpées dans du zinc, ses baobabs dont le feuillage épais abritait des babouins caqueteurs.

Subitement, comme une volée de moineaux, ils s'enfuirent en piaillant. Lentement, lourdement, trois vautours tournaient sur place comme s'ils guettaient une proie.

André ressentit un frisson au cœur, mi-excitation mi-peur... Sortant de derrière des arbres à lianes où elle devait s'abriter, une panthère, lentement, avançait... tranquille comme tous les prédateurs qui ont la force pour eux.

André la suivit quelques millièmes de seconde dans la lunette de son fusil... Elle était merveilleusement belle, tachetée de brun, souple et puissante à la fois. Puis, toute crainte rejetée, sûr de lui, de son habileté de tireur, prédateur plus fort, plus puissant que le prédateur félin, il tira.

Touché au cœur, l'animal tomba, tué net. Un sentiment de puissance, d'exaltation, comme il n'en avait jamais connu, l'envahit. Cette panthère, il l'avait haïe de toutes ses forces, il avait haï sa beauté, sa puissance, sa sûreté. Et voilà, c'était lui qui avait eu le dessus, qui l'avait abattue !

Pourtant, bizarrement, au lieu de s'approcher de l'animal

qu'il venait de tuer, il s'enfuit le plus loin possible de lui. Un cri d'horreur arrêta sa course. Diane, sa femme passait devant lui, le bousculait, en hurlant « Monstre... monstre... tu l'as tué... il y a longtemps que tu le préparais ce crime ! et maintenant... »

Elle sanglotait — une crise d'hystérie pensa-t-il et s'était jetée sur le corps sans vie étendu par terre.

André passa sa main sur ses yeux, se croyant l'objet d'une hallucination ; ce n'était pas la panthère qu'il avait tuée — celle ci avait dû s'enfuir — mais son beau-frère.

Un accident de chasse malheureux, certes, mais qui ne méritait pas la crise de nerfs de sa femme. Elle levait vers lui son beau visage, qui ressemblait tellement à celui de son frère Michel, cet aîné qu'elle adorait, et la figure déformée par la souffrance elle disait : « C'est lui que j'aimais, pas toi, pas toi... Je voudrais que ce soit toi qui sois mort à sa place... »

Mais, insoucieux des larmes de son épouse, André continuait à ressentir cet état euphorique qui s'était emparé de lui lorsqu'il avait cru avoir abattu le fauve.

Ce sentiment de bien-être subsista encore quelques minutes après son réveil ! Ce rêve — « Idiot, je n'ai jamais su tirer ! » — lui avait plu. Puis, peu à peu, un sentiment d'ennui et de contrariété lui succéda au point de le rendre maussade, incapable de se rendormir. Son beau-frère Michel devait justement venir aujourd'hui chez eux, dans la maison de campagne qu'il avait louée pour y passer, avec sa femme, les vacances.

Il arriverait, à son habitude, sûr de lui, avec la désinvolture que donne l'argent, et la supériorité d'être un homme arrivé. Il aurait une voiture neuve — André en était sûr — devant laquelle se pâmerait Diane. Il dirait à peine bonjour à son beau-frère, une poignée de main ferme, virile, presque protectrice, en disant « Salut André » et tout de suite prendrait sa sœur dans ses bras, l'embrasserait longuement, caresserait les beaux cheveux de la jeune femme d'un blond ardent pareil aux siens... et il n'y en aurait plus que pour lui.

« Alors, tu as passé tes vacances en Thaïlande, comment était-ce, raconte... » Et il sortirait de sa voiture un de ces

114

cadeaux fabuleux, un bijou, une pierre précieuse, un objet d'art, qu'il rapportait toujours de ses voyages à sa sœur.

André savait d'avance qu'il ressentirait vis-à-vis de Michel ce même sentiment de jalousie qu'il éprouvait chaque fois qu'il le voyait. Non seulement parce qu'il enviait sa réussite, sa fortune, mais parce que la manière dont il se comportait avec Diane semblait plus celle d'un amant que celle d'un frère... Au point que, méchamment, André avait demandé un jour à sa femme si, avant son mariage, elle n'avait pas couché avec son frère ! En fait, il en était presque sûr ! Et qu'est-ce qui lui prouvait que maintenant encore...

Il se ressaisit. Diane dormait paisiblement à côté de lui, un bras allongé en un geste tendre sur le torse de son mari. Celui-ci soupira. La journée allait être gâchée, il en était certain, par la venue de ce beau-frère qu'il détestait.

Le songe peu à peu s'estompa. Il se rappelait vaguement avoir rêvé qu'il tirait sur un fauve... lui qui aurait été incapable de tuer un lapin ! Ah oui, songe, mensonge !

La clé de ce rêve

Songe n'est pas mensonge... Bien au contraire ; là, surtout il est vérité : inconsciemment, André fantasme sur un meurtre qu'il n'accomplira jamais : *tuer* ce beau-frère dont il est tellement jaloux. Son subconscient a substitué dans le rêve un animal féroce à Michel, puis a réalisé la vérité en remplaçant subitement la bête abattue par celui dont elle était le symbole. Rapidement, ensuite, le « moi » d'André a gommé ce songe gênant.

Le symbole

La panthère représente le beau-frère détesté. Comme le fauve, celui-ci est un « animal de race », beau, prédateur (il a de l'argent, il l'emporte toujours sur ses concurrents, il est tellement supérieur à André).

L'arme avec laquelle André le tue (le fusil) est un symbole phallique.

Pourquoi ?

André jalouse Michel qui a mieux réussi que lui à tous points de vue. Il est plus riche, a une plus belle voiture, socialement, il est au-dessus de lui (comme la panthère est au-dessus des autres animaux).

Il en est aussi jaloux sexuellement puisqu'il le soupçonne d'inceste. Il est certain que, bébé, Diane a été — normalement — amoureuse de ce grand frère extrêmement séduisant et qui adorait et gâtait sa petite sœur. Le premier amour des enfants se porte sur les êtres qui leur sont les plus proches : père, mère, frère, sœur... « La conduite des enfants, dès l'âge le plus tendre, indique bien que leur attachement aux personnes qui s'occupent d'eux est de la nature de l'amour sexuel... » (Freud). Par la suite la sœur et le frère sont restés très attachés l'un à l'autre (comme en témoignent les cadeaux que ce dernier fait à sa sœur). De là à ce que cet amour se soit réalisé ? C'est une interprétation d'André. Mais fortement ancré en lui puisque, dans son rêve, il se servait d'un symbole phallique pour supprimer son rival.

André est lui-même effrayé par ces idées de meurtre qui obsèdent son subconscient et les refoule énergiquement ; mais elles ressortent sous forme de rêve symbolique : « Il ne les repousse pas seulement comme lui étant étrangères mais les fuit, effrayé [comme il a voulu fuir après avoir tué la panthère symbole du beau-frère]... Il est bon de dire que ces crimes et mauvaises actions ne reçoivent jamais même un commencement d'exécution : la fuite et la prudence finissent toujours par en avoir raison » (Freud).

La solution

Il est bien évident que cette trop grande tendresse entre son beau-frère (que déjà André n'aime pas) et sa femme risque d'« empoisonner » une union qui sans cela serait heureuse. Il faudrait que l'un ou l'autre époux aille consulter un psychologue spécialisé dans les conflits conjugaux. Ce dernier, expliquant ce conflit, pourrait le faire disparaître ou tout au moins le minimiser de façon qu'il devienne insignifiant.

Cas analogues

Ceux qui, mariés, restent trop attachés à leur famille parentale, risquent d'entraîner ce même genre de conflit conjugal. Mais cette haine peut aussi se manifester pour quelqu'un auquel on n'est lié par aucun lien familial : ce sera presque toujours la conséquence de l'envie (— par rapport au travail, à la situation sociale, etc...) ou d'une jalousie sexuelle.

Le minus

En passant, il envoya un coup de pied au minus qui se prosterna aussi bas qu'il pouvait en disant :
— Merci, Monsieur le Président.

Tous les employés se levaient à son passage, comme, lorsqu'il était enfant, les élèves, quand le maître entrait dans la classe de l'école... N'était-il pas leur *Maître* à tous ces idiots qui disaient en chœur « Bonjour Monsieur le Président... », « Nous espérons que vous allez bien, Monsieur le Président... » Il haussa les épaules sans leur répondre.

Sa secrétaire, une grande blonde, l'attendait dans son bureau. Elle vint s'asseoir sur ses genoux.

C'était une actrice célèbre car tout cela était un film qu'il tournait : n'était-il pas le plus grand des acteurs ?

Il dégaina son épée. Il allait falloir qu'il affronte en un duel mortel son rival, mais pourquoi, pourquoi fallait-il qu'il y ait encore ce minus derrière lui qui marmonnait : « Le plus grand de tous les acteurs du monde... » Il se fichait de lui ou quoi ? Non, sûrement pas. Il n'y avait qu'à voir son air affolé de souris. Oui, une souris qui courait dans tous les sens et qui couinait « Le plus grand... » pendant qu'il l'écrasait sous sa botte ! —

Sa tente était pleine de gens qui le félicitaient.

Agenouillé devant lui, son écuyer lui tendait un cimeterre qu'il passa à sa ceinture. Dehors son cheval piaffait. Lui, le Sarrasin, le Maure allait combattre les barbares. Pourquoi fallait-il encore que ce soit ce minus qui tînt la bride de son étalon ? Pourtant il avait bien interdit que cet esclave, ce fils de chienne se montrât à ses yeux. De sa cravache, il lui lacéra le visage. Il la haïssait cette hyène sournoise, comme il n'avait jamais haï personne. N'arriverait-il donc pas, lui, le vainqueur, le chef respecté, porté en triomphe, à se débarrasser de cet âne bâté ?

Autour de lui montaient les acclamations : il était le pacha, le fils bien-aimé d'Allah l'émir sous les pas duquel jaillissaient les geysers de pétrole !

P.D-G. de la plus grande compagnie de pétrole du monde... Il répétait : « Je les tiens tous dans ma main... »

Ils applaudissaient son discours ! Comme il les méprisait, et, par-dessus tout, ce minable qu'il gardait par pitié !

Autour de lui, tous riaient, s'esclaffaient, sans doute à un de ces mots d'esprit qu'il affectionnait.

Il s'aperçut qu'il était en veston, mais qu'il n'avait pas de pantalon. Il était ridicule... et c'était de cela, comme d'habitude qu'ils riaient !

La sonnerie du réveil arracha Ernest à ce rêve ridicule... comme s'il avait été capable de se présenter devant « Monsieur le Directeur » sans pantalon ! C'était tout ce dont il se souvenait de ce songe. Il murmura « Ernest ». Jamais il ne pardonnerait à ses parents de l'avoir affublé de ce prénom qu'il jugeait ridicule.

C'est pour cela qu'il n'avait pu se marier. Les filles pouffaient quand il leur disait son petit nom. Alors, il préférait se taire, ne pas leur adresser la parole... Surtout à Mlle Suzanne, la secrétaire du patron. Une grande blonde aux yeux gris qui ressemblait à une vedette de cinéma.

La bouilloire sifflait, l'avertissement que l'eau pour faire son café était bouillante. Exaspéré, il se coupa en se rasant : il allait sûrement être en retard au bureau. Bien sûr, il devrait s'acheter un rasoir électrique... Ses collègues se moqueraient de lui s'ils savaient qu'il se servait encore du vieux Gillette de son père ! Mais quelle marque prendre ? Et s'il demandait conseil à la vendeuse il aurait l'air de quoi ? D'un minus qui n'a jamais — à notre époque ! — employé de rasoir électrique ! Il valait encore mieux qu'il continuât à se servir du rasoir de son père.

Il sursauta en se brûlant avec son café bouillant.

Cette fois, il en était certain : pour la première fois de sa vie, il n'arriverait pas à l'heure ! Le réveil marquait 8 heures moins le quart, mais il avait toujours du retard. Sa montre qu'il s'empressa de regarder indiquait elle aussi la même heure, mais rien ne prouvait qu'elle n'était pas arrêtée. Il la porta à son oreille et son tic-tac régulier le rassura. Mais d'un coup son humeur s'assombrit : il venait de se souvenir qu'il avait été nommé la veille sous-chef du contentieux — à l'ancienneté, bien sûr — en remplacement de M. Dupuis qui venait de prendre sa retraite ! Un poste de confiance, important, plein de responsabilités où la moindre erreur pouvait être catastrophique. Un poste qu'il n'avait jamais convoité et qui était bien au-dessus de ses capacités, il s'en rendait compte... Il était tellement plus à son aise dans sa petite place d'employé subalterne ! Et le vin d'honneur que lui avaient offert ses collègues pour fêter son avancement ne lui avait nullement fait plaisir. Il avait bafouillé des remerciements inaudibles, avait été ridicule ; il s'était bien rendu compte qu'ils riaient de lui sous cape (« Ce pauvre Ernest ! »). Jusqu'à sa mort, il serait « ce pauvre Ernest ! ».

Mon Dieu ! huit heures un quart... Il dégringola quatre à quatre son escalier, sauta dans l'autobus qui, heureusement, arrivait à ce moment-là.

Comme d'habitude, il serait vingt minutes en avance à son bureau, marcherait de long en large dans la rue, puis se précipiterait, effrayé à l'idée qu'il s'était mis en retard, dans l'ascenseur, salué par le petit liftier goguenard :

— Alors, toujours le premier, monsieur Ernest !

La clé de ce rêve

Complexe (en rêve) de supériorité dû en fait à un complexe (réel) d'infériorité.

Les symboles

Tous les personnages de ce songe (qui se déroule un peu comme un film) sont incarnés par le même individu (Ernest).

Dans ce rêve en apparence absurde, ils sont magnifiés jusqu'à devenir des héros de mélo : le P.D-G., le pacha, l'illustre comédien, etc.

En fait, ici les symboles cessent d'avoir un sens particulier pour revêtir le sens général du songe qui traduit le complexe de supériorité du rêveur.

Seul le « minus » est le symbole de l'humilité, de l'infériorité poussée à son paroxysme.

Pourquoi ?

A travers l'incohérence du songe, ces symboles reflètent ce qu'Ernest souhaiterait être et ce qu'il est. Il s'y incarne en effet sous deux formes : le personnage supérieur, (son complexe de supériorité) et le « minus » (son complexe d'infériorité).

Le « minus » est ici l'« anima » de Jung, c'est-à-dire l'« image de l'âme ». Cette image à laquelle — même dans le songe où Ernest se magnifie, devient le « superbe », le « glorieux » — son âme, elle, reste attachée à son état d'infériorité... D'où la haine et le mépris qu'il éprouve pour ce second lui-même. Ce lui-même réel qu'il tente de faire disparaître dans le songe, étant bien incapable de le faire dans la vie.

La solution

Une analyse qui permettrait de trouver l'origine de ce complexe d'infériorité dû d'ailleurs, très probablement (du moins en partie), à un manque de volonté et sans doute d'intelligence.

Mais il est certain que même s'il est congénital pour une part, cet état constant d'humiliation pourrait être amélioré.

Mais les « Ernest » ont rarement le courage d'aller voir un psychanalyste. Ils se complaisent dans leur humilité et ne désirent pas en sortir... Sauf en rêve !

Cas analogues

Sans pousser le cas à l'extrême, comme ici, on trouve des complexes d'infériorité/supériorité chez les personnes qui sont — ou s'imaginent — être laides, inintelligentes, sans esprit, mal aimées... Ce sont aussi assez fréquemment des enfants naturels ou adoptés.

« Viol »...

Dans la cuisine, François accroché à la jupe de sa mère babillait à la manière des petits : un pépiement d'oiseau qui ravissait la jeune femme. Elle le prit dans ses bras, l'embrassa passionnément. Comme elle qui était née en Espagne, il avait les cheveux noirs, le teint brun des Méditerranéens.

C'est ce moment-là que choisit Annette pour entrer. Elle avait beau n'avoir que quatre ans, son œil réfléchi, tendre et triste était celui d'une enfant plus âgée. Devant ce tableau conventionnel de l'amour maternel elle eut un très léger soupir qu'entendit Madame D.

— Eh bien, entre, dit-elle sèchement.

Elle reposa doucement le bébé sur le sol après un dernier baiser et dit durement :

— Que veux-tu ?

La petite fille se troubla :

— Rien, dit-elle... Et très vite elle ajouta : Je peux t'aider ?

Sa mère haussa les épaules d'un geste excédé :

— Ne sois pas bête : c'est rien ou vouloir m'aider ? Tu sais ce que tu veux ? Non, je n'ai pas besoin de toi, tu es trop maladroite.

Au moment où l'enfant partait, elle la rattrapa par un bras, la tourna vers elle et arrangea avec brusquerie le nœud qui retenait sa natte rousse — héritage de son père.

— Tu ferais mieux de t'occuper un peu plus de toi... Habillée n'importe comment !... Il est vrai que pour te rendre jolie... Tu ne l'es vraiment pas ma pauvre petite !

Annette se détourna vivement pour que sa mère ne voie pas les larmes qui lui montaient aux yeux. Ce serait l'objet d'une nouvelle réprimande.

Elle était pourtant, avec son visage ovale de vierge italienne, ses grands yeux, ses lourds cheveux couleur d'automne, qui auraient été bouclés s'ils n'avaient été tirés en arrière par la tresse, loin d'être laide, bien qu'à force de se l'entendre dire elle en fût persuadée.

Elle entra dans le salon où, à son accoutumée, son père regardait la télévision. C'était la première chose qu'il faisait, quand il rentrait de son bureau : tourner le bouton du poste.

Annette s'approcha de lui. Elle aurait tant voulu s'asseoir sur ses genoux, se faire câliner comme le petit François, mais elle avait peur de déranger cet homme sérieux qui regardait une émission scientifique.

Elle murmura seulement « Bonsoir papa » en effleurant sa joue d'un baiser. Il la repoussa sans dureté, avec indifférence.

— Laisse-moi, mon petit... Je regarde quelque chose qui m'intéresse.

Les émissions, quelles qu'elles fussent, l'intéressaient toujours beaucoup plus que sa famille.

— Heureusement, pensa l'enfant, je vais bientôt aller me coucher. Elle eut un imperceptible sourire de bonheur.

Annette se glissa dans ses draps. Dans la chambre d'à côté elle entendait sa mère qui couchait François et le gazouillis de celui-ci auquel répondait le rire léger de sa maman. Pour elle, cela avait été beaucoup plus vite. Sa mère lui avait lancé un bref « Bonsoir » en éteignant la lumière. Annette ne se souvenait pas qu'elle l'eût jamais embrassée !

Heureusement, il y avait le « rêve » qu'elle retrouvait tous les soirs et qui était son unique, son intense moment de bonheur de la journée... Un « rêve éveillé », une histoire qu'elle se racontait dans son lit pour s'endormir heureuse.

Elle ferma les yeux afin de mieux voir l'homme, grand et fort, qui venait vers elle. Il descendait d'une auto puissante et tenait à la main une serviette de cuir qui contenait d'importants papiers d'affaires. Annette se dirigea vers lui en riant. Annette, ou plutôt la projection qu'elle se faisait d'elle-même : une grande fille — au moins dix ans ! — qui aimait cet homme. Il ouvrit la portière de la voiture et en sortit, une boîte de chocolats à la main : « c'est pour toi » cria-t-il de loin.

C'est ainsi, dans les bras de l'homme de rêve que, comme toutes les nuits elle s'endormit.

Chaque soir, elle se racontait cette histoire et seuls les détails changeaient : un jour il lui apportait des bonbons, un jouet... un autre il l'emmenait manger des gâteaux, ou bien elle montait dans sa luxueuse voiture et il conduisait, un bras passé autour de ses épaules tandis qu'elle se serrait contre lui... Comme ils s'aimaient tous les deux ! C'était son rêve préféré ; celui qu'elle se racontait le plus souvent !

A onze ans, Annette en paraissait facilement quatorze ou quinze. Déjà formée, de tous jeunes seins pointant sous son chandail, elle avait cette impudeur candide qui la faisait dévisager par les hommes la croyant plus âgée qu'elle n'était. Elle ne s'en apercevait pas, trop jeune et tellement persuadée qu'elle était laide !

Chez elle, rien n'avait changé dans la vie quotidienne, si ce n'était le petit François qui avait maintenant sept ans, et que sa mère continuait à adorer. Elle trouvait immuablement son père devant la télévision, mais elle avait cessé d'en attendre le moindre geste d'intérêt !

Cependant, ce soir-là, une joie méchante l'habitait : on allait voir ce qu'allait dire sa mère.

Si elle fredonnait en rentrant chez ses parents ce n'était pourtant pas par gaieté, mais pour se donner le courage d'affronter celle-ci... qui poussa un cri d'horreur en la voyant :

— Mon Dieu ! Comment as-tu osé faire cela ?

Libérés, les cheveux coupés au ras des épaules cascadaient en boucles soyeuses, enchâssant précieusement le visage... Que les hommes se retournent sur cette beauté n'avait rien de bien surprenant.

— Affreuse, tu es affreuse ! Qui a fait cela, qui a osé ?

Calmement — mais comme le cœur lui battait ! — elle répondit :

— Le coiffeur. Grand-mère m'a donné de l'argent pour mon anniversaire.

Sa mère la toisa, indignée.

— Tu aurais pu me demander l'autorisation auparavant. Tu n'étais déjà pas jolie mais maintenant tu es franchement laide !

Annette ne répondit pas. Son frère tournait autour d'elle en criant : « ... Laide... Laide... Laide... Oh là là ! ce que tu es laide ! »

Elle l'écarta de la main et se dirigea vers sa chambre pour y faire ses devoirs sans déranger son père enfermé dans le salon. Vivement que vienne le soir, quelle retrouve son rêve !

Car son rêve non plus n'avait pas changé. Simplement, en même temps qu'elle, il avait évolué : l'homme était plus ardent maintenant, plus mâle ; sa projection d'elle-même était l'image d'une jeune fille de 18 ans, et il la traitait comme telle. En fait elle s'apercevait, beaucoup plus qu'elle ne le croyait, des regards masculins qui la suivaient dans la rue et lui faisaient réaliser inconsciemment sa féminité. L'homme la prenait dans ses bras, l'embrassait... Depuis trois jours elle lui avait « abandonné » ses lèvres ! Dans ce rêve éveillé elle répétait inlassablement : « Je lui abandonne mes lèvres » et elle « sentait » réellement les lèvres de l'homme du rêve sur les siennes !.

Elle avait pour amie, au lycée, une fille plus âgée qu'elle et qui avait déjà un amoureux. Il l'embrassait ainsi et elle l'avait dit à Annette. Elle lui avait avoué aussi qu'elle se laissait caresser les seins et qu'il avait même, un soir, glissé sa main sous sa jupe. « En tout cas, avait-elle affirmé, ça n'a pas été plus loin... Je ne ferai pas l'amour avec lui... » Puis, curieuse elle avait demandé à la petite fille : « Est-ce que tu sais comment on fait l'amour ? » Et elle s'était empressée de le lui expliquer dans les moindres détails, ravie de faire part à quelqu'un de ses toutes neuves connaissances.

Annette retrouvait son rêve, maintenant, avec un frémissement intérieur : depuis plusieurs soirs « il » la caressait doucement — les joues, les bras — et il lui chuchotait à l'oreille des phrases qu'elle avait trouvées dans les romans pour jeunes filles qu'elle lisait en cachette : « Je vous aime mon amour », « Je vous désire, je vous veux toute à moi. »... Depuis que sa camarade lui avait révélé le « grand secret » elle savait ce que cela voulait dire !

« Ce soir, pensa-t-elle avec délices, que va-t-il me faire ? »

L'homme — elle lui avait donné un nom, Pierre — était pour elle aussi réel que s'il existait vraiment ; sûrement plus réel que son père. Elle pensait à lui dans la journée, elle se réfugiait, en pensée, dans ses bras, quand sa mère la grondait. Elle s'y endormait toujours — comme lorsqu'elle était toute petite — le soir, et, souvent, son histoire se terminait en songe, continuant dans son premier sommeil... La veille, dans le rêve réel qui avait succédé au rêve éveillé, elle avait perdu ses chaussures... Pierre avait retrouvé un soulier qu'il tenait dans sa main et elle le lui avait arraché...

Annette ferma les yeux et aussitôt Pierre fut là, plus entreprenant que jamais. Elle se laissait caresser par lui. Sans bien s'en rendre compte elle avait posé ses mains sur ses seins tout menus et elle les sentait vibrer, puis son ventre, et c'était Pierre qui la caressait ainsi. Elle essayait de se dégager, mais il la tenait fermement. A présent, il lui arrachait ses vêtements. Elle savait qu'il voulait la « violer », mais cela elle s'y refusait énergiquement, le repoussait de toutes ses forces... Elle avait mis maintenant sa main sur son enfantin pubis, comme pour le défendre. Subitement, elle « sentit » le sexe de Pierre entre ses cuisses. Elle le « voyait », fort et dur (comme le lui avait décrit sa camarade de lycée), et malgré sa volonté qui s'y opposait cela lui causait une sensation étrange.

Une dernière fois la « jeune fille » qu'elle était dans ce rêve éveillé le repoussa, mais ses forces faiblissaient et soudain elle le « sentit », cette fois, pénétrer en elle.

Annette mit rapidement sa main sur sa bouche pour étouffer le gémissement qui lui venait aux lèvres. Un immense plaisir, un plaisir inconnu l'envahit tout entière...

Le lendemain matin, quand elle se réveilla, ce fut avec un sentiment inexprimable. Elle repensa à l'histoire qu'elle s'était racontée la veille au soir et à sa fin imprévue. Elle en fut tellement horrifiée que, de toute la journée, elle repoussa l'image de Pierre. « Ce soir, pensa-t-elle, je me raconterai que je l'ai quitté... », et cela la rassura.

Mais le soir elle se raconta la même histoire de viol et, pendant des semaines et des mois, elle se la répéta.

Bien qu'elle fût une excellente élève, Annette fut recalée à son bac. « Ce n'est pas possible, lui reprocha sa mère, tu l'as fait exprès ! »

Elle lui redit la même phrase quand elle rompit ses fiançailles et lorsqu'elle se fit renvoyer d'une excellente place...

Elle ignorait qu'elle disait vrai.

La clé de ce fantasme

Depuis qu'elle est toute petite, Annette fantasme sur un être imaginaire qu'elle a créé de toute pièce, tendre et affectueux, comme elle voudrait que soient ses parents. En apparence, du moins, ceux-ci ne se préoccupent pas d'elle. Sa mère ne s'occupe que de son fils, se plaisant à abaisser sa fille : « Tu es bête et tu es laide. » Son père est totalement indifférent. Annette a donc transféré sur ce personnage issu de son imagination et qui incarne « le père » — comme elle aurait pu le faire sur un être réel — la tendresse et l'affection qui lui manquent. C'est la seule façon pour elle de sortir d'un milieu qui lui est hostile. Mais à onze ans, quand elle se fera « violer », toujours en imagination, à la satisfaction d'être aimée succédera la honte que lui inspirera sa conscience. C'est cette honte qui sera à l'origine de son complexe de *culpabilité* et *d'autopunition* qui la poussera à se punir en accumulant les échecs.

Les symboles

Ils sont multiples : Annette fantasme sur cet être imaginaire qui est le symbole du père. Que sans le savoir elle ressente alors des pulsions sexuelles (elle évoque un homme contre lequel elle se serre) est normal. Freud a écrit : « Il semble bien que la vie sexuelle de l'enfant vers la troisième ou la quatrième année se manifeste déjà... » Plus tard elle supprime la coiffure disgracieuse imposée par sa mère pour avoir des cheveux « libres » et qui font valoir son visage : les cheveux, dans ce cas, sont un symbole de féminité et de séduction. Annette cherche à plaire à son père par le truchement de sa mère, sur laquelle elle a transféré l'image du père, puisque celui-ci est « absent ». En même temps elle veut obliger celle-ci à s'intéresser à elle en tant que mère.

Autre symbole sexuel : le rêve où elle perd ses souliers qu'elle retrouve entre les mains de Pierre, le pied étant depuis toujours considéré comme un des symboles du phallus et la chaussure où il entre celui de l'organe féminin où ce dernier pénètre.

La « conscience » de la petite fille combat avec son « inconscience » : en arrachant la chaussure à l'homme elle lutte moralement contre son imagination dont elle ne pourra plus se défendre quand elle découvrira (involontairement) le plaisir.

Pourquoi ?

L'homme imaginaire représente ici le père. Ce père dont, comme toutes les petites filles, elle est inconsciemment amoureuse (Voir dans la seconde partie du livre « Électre, complexe d' »). A onze ans, une sexualité qui peut sembler précoce pour une Occidentale — mais n'oublions pas qu'elle est méditerranéenne — , les confidences d'une amie plus âgée, le besoin de s'évader *à n'importe quel prix* de son entourage, vont la mener jusqu'à transformer un plaisir imaginaire en un plaisir sexuel bien réel, inconsciemment voulu. La jouissance physique étant une évasion Annette trouve ainsi sa satisfaction en elle-même. Mais il est évident que ce plaisir lui apparaît, à onze ans, comme un acte monstrueux et un péché. Sa conscience lui fait honte. Elle a le sentiment d'avoir commis une chose blâmée par ses parents et pour laquelle elle sera sévèrement punie.

Va naître alors en elle un sentiment de culpabilité aussi net que si elle avait été réellement violée et qu'elle y eût pris plaisir.

La solution

Une seule solution : voir un psychanalyste. En effet, seule une analyse pourra faire comprendre à Annette qu'elle n'est pas responsable de ce fantasme, et détruira ainsi le complexe de culpabilité cause de tous ses échecs. Elle aura d'ailleurs sûrement beaucoup de mal à raconter une chose dont elle a gardé la *honte*.

Cas analogues

Tous les cas de complexe d'infériorité, de complexe d'échec, d'autopunition, causés par une faute (souvent imaginaire ou ayant lieu en imagination comme ici) remontant à l'enfant et refoulée ou non.

La dame en noir

La vendeuse tournait et retournait autour d'Éliane, admirative.

— Cette robe est faite pour vous, madame, il faut absolument que vous la portiez.

Elle rabâchait :

— Faite pour vous... faite pour vous... faite...

C'était une longue robe du soir au décolleté plongeant, comme jamais la jeune femme n'en avait porté jusqu'à ce jour, mais justement ce jour n'était-il pas...

— Ne crois-tu pas que quelques jours à peine après la mort de ton mari, tu peux aller à une soirée, demanda timidement l'amie — était-ce une amie ? plutôt une relation — qui avait accompagné Éliane chez la couturière.

— Bien sûr, dit catégoriquement la jeune femme.

Elle regarda, ravie, la silhouette que lui renvoyait le miroir.

— Bien sûr, puisque je serai en noir. Le principal c'est que je porte le deuil.

— Faite pour vous, chantonnait la vendeuse... spécialement... en vue de la mort...

— Tu vois bien ! triompha Éliane.

Négligemment, elle demanda :

— Combien ?

Suivit un silence, suivi lui-même d'un chiffre astronomique.

Éliane pâlit.

— Georges ne voudra pas. Il est tellement radin. Jamais nous ne sortons, jamais nous n'acceptons une invitation, car il nous faudrait la rendre !... Sais-tu que cet été il n'a pas voulu que je m'achète une seule robe ! Il a dit que je n'avais qu'à porter celles de l'an dernier.

Elle se tourna vers la vendeuse :

— C'est décidé, je la prends... Puisqu'il est mort ! Et, s'adressant à l'amie qui semblait étonnée : Après sa mort, j'ai trouvé un papier qui vaut beaucoup d'argent. L'ennui, c'est que, lorsqu'il va me voir aussi séduisante...

La robe était tombée par terre et elle se voyait toute nue dans la glace.

— ... il va sûrement vouloir faire l'amour !

Elle se pencha vers la vendeuse :
— Je déteste faire l'amour avec mon mari. Vous me comprenez, n'est-ce pas ?

Mais la vendeuse avait disparu et c'était l'amie qui hochait la tête en disant :
— Il faut te rhabiller, tu ne peux pas sortir comme cela. Tu risques de prendre froid.
— Mais je ne retrouve pas mon manteau, gémit Éliane.

Elle cherchait fébrilement...
— Un manteau gris, moche, c'est Georges, bien sûr, qui m'a forcée à l'acheter... Ah ! si j'avais épousé Jean, ce sont des visons que je porterais aujourd'hui. Oh ! tant pis, je prends celui-ci.

Elle enfilait un superbe manteau de fourrure noire.

Dans la glace, elle s'aperçut qu'il n'était pas noir, mais blanc et la réalité lui revint :
— Je ne peux pas mettre un si gros prix dans un manteau. Mon mari me l'a interdit ! Si je l'achète, il va encore me faire une scène !

Son amie lui arracha le manteau de vison en disant : « Mais il est à moi ! »

Elle était plus jeune et plus belle qu'Éliane et c'était elle qui avait épousé Jean.

La vendeuse avait disparu et Éliane était seule, se serrant frileusement dans son vieux manteau gris, toute joie envolée, dans une rue maussade de banlieue maussade, tendant la main pour mendier et c'était Georges qui lui faisait l'aumône. Elle serrait la pièce dans sa main et se dirigeait vers une boulangerie...

Un coup de coude la réveilla à demi. Une voix masculine, désagréable, maugréa.
— Tu n'as pas fini de bouger...

Elle se retourna pour fuir ce corps d'homme qu'elle avait aimé et qu'aujourd'hui elle détestait.

Longtemps elle resta les yeux ouverts dans l'obscurité. Ce rêve était idiot. Non seulement Georges n'était pas mort, mais au contraire, il avait une santé de fer ! Et ce Jean ? Elle ne comprenait pas, n'ayant jamais connu d'homme de ce nom. Le proverbe avait bien raison : songe, mensonge...

Mais elle n'arrivait pas à se rendormir et pensa subitement

à son amie Pauline qui était venue, la veille, lui annoncer son mariage. Elle épousait un Anglais très riche, John, et elle portait un manteau de fourrure qu'Éliane lui avait envié ! Ce n'était pas Georges, avec son modeste traitement de fonctionnaire, qui lui offrirait le même... Et l'aurait-il pu qu'il ne l'aurait sûrement pas fait !

Pourquoi ne voulait-il pas divorcer ? Ils se disputaient constamment, il n'y avait plus rien entre eux et pas d'enfant pour les unir ! Mais voilà, il était catholique pratiquant et ne voulait pas entendre parler de désunir ce que « Dieu avait uni »... ! Un bon prétexte pour l'obliger à rester avec lui et à lui servir de bonne !

Divorcée, c'eût été autre chose ! Elle était encore suffisamment jeune et jolie pour trouver un autre homme. Et, si elle partait simplement ? L'époque était passée où un mari pouvait se faire ramener sa femme entre deux gendarmes ! Oui, mais alors il lui faudrait trouver du travail. Elle n'avait aucun métier : de quoi vivrait-elle ?

Peu à peu elle se rendormait. Au réveil, elle ne se souviendrait plus de ce rêve qu'elle aurait gommé comme tant d'autres...

La clé de ce rêve

C'est le conflit du couple qui a amené chez Éliane la haine de l'acte conjugal. Ce dernier n'a plus rien à voir avec l'amour.

Le symbole

Le noir. Symbole de deuil, donc de mort, donc de séparation.

Pourquoi ?

Éliane est lasse de son mari, de leur vie médiocre, de leurs continuelles disputes. Le rêve lui accorde ce que son subconscient désire et que jamais elle ne s'avouera consciemment : la mort de son époux.

Elle est tellement heureuse de cette séparation — définitive — qu'elle s'achète, très cher, une robe du soir pour se rendre à une réception ; alors qu'avec Georges elle ne sort jamais. Mais comme Georges est mort, elle la prend noire, couleur de deuil, respectant ainsi les usages, donc sa conscience.

Puis elle se retrouve misérable, demandant l'aumône et c'est Georges qui lui donne la pièce qui lui permet d'aller acheter de quoi manger.

En fait, elle ne peut pas quitter Georges, car elle n'a pas le courage d'affronter la vie. Très probablement aussi, si son mari mourait, hériterait-elle de lui ? Sans doute a-t-il pris une assurance sur la vie (ce papier qui représente beaucoup d'argent) !

« Jean » et le « vison » ont été « fournis » au rêve par l'amie qui va épouser un riche Anglais John (Jean en français). C'est sans doute cette visite qui est à l'origine du songe d'Éliane.

La solution

Il faut qu'Éliane trouve le courage de quitter son mari — étant donné les lois actuelles, avec ou sans le consentement de son époux, elle finira par obtenir le divorce — et d'affronter la vie...

Cas analogues

Pas mal de femmes d'un certain âge — parfois même encore assez jeunes — mais qui ont toujours dépendu d'un homme. Ah ! s'il suffisait d'appuyer sur le bouton du mandarin...

Le feu

Le feu flambait, clair, dans la grande cheminée de ce chalet du Tyrol, éclairant la nuit de ses flammes dansantes. Henri sifflait joyeusement une ronde enfantine tout en y jetant allégrement de nouveaux fagots. Il se mit à rire de joie en voyant le foyer qui donnait vie à toute la pièce. Il s'étira, homme de trente ans, dans toute l'ardeur de sa jeunesse et reprit des branches pour alimenter le feu.

A côté de lui il y avait sa jolie femme, Brigitte qui le regardait faire... Mais elle ne riait pas. Son visage, d'habitude gai et ouvert, était maussade, presque hostile.

Subitement elle attrapa un seau d'eau qu'elle vida d'un coup brusque dans le foyer, éteignant celui-ci.

Pourquoi, oh pourquoi avait-elle fait cela ? Pourquoi avait-elle éteint cette joie ?

— Pourquoi l'as-tu fait ?

— Parce que je ne veux pas...

Sa tristesse, sa consternation tirèrent Henri de ce rêve heureux qui, subitement, venait de tourner au cauchemar.

Ils étaient bien tous deux dans le Tyrol, dans ce chalet loué pour quinze jours de sports d'hiver. Mais il n'y avait évidemment pas de feu et Brigitte dormait à côté de lui ; il sentait sur sa joue son souffle léger. Comme il l'aimait et comme elle l'aimait ! Bien sûr elle serait incapable de lui faire le moindre mal, le moindre chagrin !

Pourtant ce songe lui laissait une impression désagréable. Il semblait au jeune homme qu'il venait d'être privé d'une chose à laquelle il tenait profondément.

Ce n'était pas la première fois qu'il ressentait ce sentiment de frustration. Quelques nuits auparavant — il s'en souvint —, il avait rêvé qu'il enfournait des petits pains dans un four et que sa femme les lui arrachait des mains, les jetait par terre, les piétinait... Il s'était éveillé avec cette même sensation de frustration.

Henri s'aperçut soudain qu'il était en érection, cela n'avait rien d'étonnant. Depuis huit jours qu'ils étaient ici sa femme se refusait à lui parce qu'elle avait oublié ses pilules dans leur appartement et que, dans ce minuscule village, perdu dans les sombres sapins, il n'y avait pas de pharmacie.

Ce n'était pas les flammes vives qui éclairaient leur chambre mais la neige froide reflétant la lumière glacée de la lune.

Dans cette demi-clarté, Henri voyait sa femme blottie, ses longs cheveux blonds recouvrant pudiquement ses seins qui semblaient de pierre, mais dont il savait, lui, que, malgré leur perfection, ils étaient bien de chair, d'une chair qui, si souvent sous sa main, s'était éveillée, frémissante..., dressant leurs mamelons roses.

Il avait oublié son rêve. En lui il n'y avait plus que ce désir intense de prendre sa femme, de la pénétrer aussi profondément qu'il pourrait.

Elle semblait si fragile dans sa nudité, une jambe repliée dans le sommeil, laissant deviner le sexe entrouvert... Si enfantine qu'elle éveilla en lui les forces brutales de l'homme primitif devant la fragilité et l'innocence d'une jeune fille..., celle qu'il avait épousée deux ans auparavant ! Si consentante aussi, ainsi étendue dans l'or de ses cheveux, la couverture rejetée découvrant son ventre plat qui n'avait encore jamais porté d'enfant.

Réveillé brusquement, elle gémissait dans les bras de son mari, ne sachant pas bien si elle rêvait ou si c'était la réalité !

Peu à peu le songe cédait la place à celle-ci et, à présent, sortie de l'inconscience du sommeil, Brigitte désirait passionnément son époux qu'elle sentait remuer en elle avec une violence encore jamais connue.

Ensemble, dans un long cri de bonheur, ils firent merveilleusement l'amour.

Ce fut une nuit sans repos... Jamais ils ne s'étaient autant aimés, jamais ils n'avaient autant joui l'un par l'autre !

Vacances terminées, Henri avait repris depuis un mois son travail, lorsqu'un soir, rentrant chez lui, il trouva sa femme bizarre : mi contente mi-mécontente ; mi-souriante mi-ennuyée...

— Tu te souviens de notre nuit d'amour au Tyrol ? murmura-t-elle.

— Si je m'en souviens !

Elle lui passa les bras autour du cou, et dans l'oreille lui murmura :

— Méchant garçon, tu savais pourtant bien que cela faisait huit jours que je ne prenais plus la pilule !

Une joie presque irréelle envahit le jeune homme :

— Tu ne veux pas dire que...

— Si, j'attends un bébé... par ta faute !

Un enfant ! Il la serra dans ses bras à la faire crier. Subitement, il venait de réaliser que si « machinalement » croyait-il, il passait chaque jour par un square pour se rendre à son bureau, c'était en fait parce que, profondément, il désirait un enfant. Il s'arrêtait pour voir ceux qui étaient là et s'amusait à imaginer que l'un d'entre eux était son fils... C'était un fantasme inconscient.

Il n'avait donc jamais parlé à sa femme de cette envie qu'il ne s'avouait pas à lui-même. Brigitte aimait sortir, danser et ne voulait surtout pas être privée de toutes ces distractions par la venue d'un bébé. Comme Henri était terriblement amoureux de sa femme, il croyait, en toute honnêteté, partager son désir avec elle !

La clé de ce rêve

Comme toujours ce rêve cachait sous une fiction un désir profond : celui d'être père. Mais quoique cette envie fût très légitime, Henri se la dissimulait pour ne pas déplaire à son épouse.

Il « fantasmait » devant des enfants jouant dans un square sans vouloir reconnaître ce que ses rêves pourtant révélaient symboliquement.

Le symbole

Faire du feu est ici pris comme un symbole de création. En effet le fagot est un symbole phallique. L'âtre ou le four (où il enfourne ses petits pains, autre symbole phallique), un symbole du sexe féminin. Bien avant la découverte de la psychanalyse les mythes hindoux considéraient le fait de « faire du feu » comme un acte de création.

Pourquoi ?

Sa femme n'a pas envie de renoncer à une vie de « jeunes » pour la remplacer par celle de « parents ». Au contraire, Henri désire inconsciemment un enfant.

La solution

Henri l'a trouvée, si l'on peut dire « consciemment » dans l'inconscience. Sans s'en rendre compte, en prenant sa femme, il obéissait à son subconscient qui savait qu'en agissant ainsi il avait une forte chance de lui faire un enfant.

Cas analogues

Ces rêves peuvent être faits aussi bien par une femme que par un homme, et pour les mêmes raisons : le désir inavoué d'avoir des enfants.

Le poignard

Hélène s'était blottie dans un buisson. Elle pensait que là, elle était invisible bien qu'elle-même distinguât l'homme qui la poursuivait... Elle n'aurait su dire depuis combien de temps ! Quelque chose brillait dans la main de l'individu ; elle n'arrivait pas à discerner quoi, et cela l'inquiétait d'autant plus. A plusieurs reprises, alors qu'elle lui échappait, se cachant derrière un arbre, se dissimulant, comme maintenant sous un buisson, elle avait vu cet éclair menaçant dans la main de l'inconnu. Et, à chaque fois, son effroi avait augmenté. Une chaleur montait en elle comme un accès de fièvre, causé par l'angoisse.

Et chaque fois aussi, l'homme la retrouvait, où qu'elle se cachât. Que lui voulait-il ? Pourquoi la poursuivait-il ? Elle ne le connaissait pas... Du moins le pensait-elle, car, dans cette forêt obscurcie par les immenses arbres qui dissimulaient le ciel, elle n'arrivait pas à discerner nettement ses traits.

Son cœur battait si violemment qu'elle se dit qu'il était impossible que l'homme ne l'entendît pas. Ses battements précipités étaient pareils à ceux d'un sourd tam-tam et c'était eux qui devaient le guider vers elle. Elle était persuadée que l'inquiétant individu savait toujours où elle se trouvait et qu'il ne faisait semblant de la chercher que pour augmenter sa panique et prolonger cette fuite affolée.

Depuis combien de temps était-il à sa poursuite ? Elle aurait été incapable de le dire... Par moments, elle avait l'impression que cela durait des jours et des jours, et à d'autres qu'il y avait à peine dix minutes que l'homme avait surgi derrière elle. L'angoisse de la jeune fille était pareille à cette forêt dense : aussi noire, aussi sinistre !

Elle n'aurait pas dû s'y aventurer, se dit-elle avec désespoir. Mais elle ne pouvait faire autrement puisqu'elle était bien obligée de la traverser !

Subitement, alors qu'elle commençait à espérer que l'homme avait renoncé à la trouver, il se dressa devant elle.

Dans un geste de menace il leva la main... Pourtant s'aperçut-elle, il souriait sans méchanceté et ses yeux étaient pleins de compréhension. Il s'approcha d'Hélène et celle-ci pensa : « Je suis comme un oiseau hypnotisé par un serpent, incapable de reprendre ma course folle, victime résignée offerte à mon bourreau... » Ses jambes tremblantes l'empêchèrent de reprendre sa fuite éperdue.

L'homme s'approcha encore plus près de la jeune fille. L'éclair menaçant jaillit de sa main et, cette fois, elle vit nettement ce que c'était : un poignard qu'il levait au-dessus d'elle.

Hélène poussa un hurlement de terreur pendant que lentement, inéluctablement, le poignard descendait vers elle pour la blesser..., car elle savait que l'homme ne voulait pas la tuer, qu'il voulait simplement la blesser, voir couler son sang...

Ce fut son propre hurlement qui réveilla la jeune fille. Le cœur battant à grands coups, ses draps mouillés par la transpiration de la peur, son angoisse était encore là, bien qu'elle sût qu'il ne s'agissait que d'un cauchemar. Elle alluma pour que la lumière dissipe cette terreur entretenue par la nuit.

Elle s'assit dans son lit se forçant à rester les yeux grands ouverts pour ne pas retomber dans ce rêve « absurde » !

Ce songe étrange et angoissant, elle l'appréhendait chaque soir lorsqu'elle se couchait, car ce n'était pas la première fois qu'elle le faisait, mais bien la cinquième ou la sixième depuis qu'elle était arrivée chez sa grand-mère pour y passer ses vacances. Et pourtant, par une curieuse contradiction il y avait en elle une sorte d'envie de le recommencer, de retrouver cette peur bizarre, cet inconnu dont elle ignorait les traits.

Le rêve se présentait sous des formes différentes mais c'était bien le même. Parfois l'homme la poursuivait dans une succession de salles, parfois aussi il était à cheval : un cheval ardent qui se cabrait, dont la queue battait l'air ou se dressait, rigide. Parfois encore, au lieu d'un poignard ou d'une épée il tenait dirigé vers elle un revolver, un fusil... Mais toujours il y avait en Hélène cette certitude qu'il voulait seulement la blesser.

Et à sa terreur se mêlait curieusement une sorte de plaisir inconnu, qui la laissait languissante et insatisfaite à son réveil.

La jeune fille s'allongea avec un petit soupir dans son lit, tapota son oreiller, remonta la couverture qui avait glissé. Elle s'aperçut avec stupéfaction qu'elle était presque déçue de s'être réveillée. Il est vrai que ce cauchemar, si angoissant fût-il, était la seule distraction qui l'arrachât à cette torpeur monotone où vivait sa vieille grand-mère.

Pour une fille de dix-huit ans, la vie partagée entre le pensionnat tenu par des religieuses et un cercle de vieillards, était plutôt insipide. Sa grand-mère qui l'élevait, depuis la mort de ses parents, ne se rendait pas compte qu'il n'y avait aucune jeunesse autour de sa petite-fille... Le moins âgé des amis qu'elle recevait pour son bridge quotidien était le notaire de cette petite ville : la soixantaine bien sonnée ! Les autres amis de la vieille dame avaient plutôt quatre-vingts ans !

Certes, son aïeule était bonne et l'aimait mais... Hélène soupira : son existence n'était que grisaille.

La clé de ce cauchemar

Le rêve est la réalisation de désirs refoulés qui se « déguisent » sous des symboles.

Freud a écrit : « Les symboles réalisent dans une certaine mesure l'ancienne et populaire interprétation des rêves. »

Le désir est ici celui de l'homme et de la sensualité. Il permet la transformation de désirs et de sentiments en fantasmes symboliques.

Les symboles

Ils sont ici très clairs et intelligibles, ce qui n'est pas toujours le cas :

Le *poignard* est le substitut du pénis.

La *blessure* est la perte de la virginité : Hélène la désire tout en la craignant.

Le *cheval* est le symbole de la vie, donc de l'acte sexuel fait pour engendrer. Monter à cheval signifie la possession sexuelle. Ici le cheval représente aussi Hélène. C'est l'angoisse de la jeune fille devant ce qu'elle désire et en même temps craint qu'évoque le cheval en se cabrant.

La *queue* dressée du cheval est le symbole d'un pénis en érection.

Le *serpent* auquel elle pense en voyant l'homme est aussi le symbole du phallus.

La *forêt* est le symbole de l'inconscience : c'est inconsciemment qu'Hélène désire faire l'amour.

Pourquoi ?

Élevée, tant au couvent — où tout acte charnel est un péché qui la terrorise — que dans un milieu provincial et âgé, ayant oublié ce qu'est l'amour, Hélène n'ose même pas penser à ce que son jeune corps, lui, souhaite ardemment. D'où le fait que ce désir dissimulé sous le symbole du rêve fait de celui-ci un cauchemar, la remplissant d'une angoisse qui va jusqu'à la panique.

La solution

Il est certain qu'Hélène cessera de faire ce rêve lorsqu'elle aura rencontré un homme correspondant à son âge et à ses désirs.

L'amour, et l'acte d'amour, domineront alors ses craintes et les effaceront en même temps qu'ils gommeront son cauchemar qui ne correspondra plus à aucune réalité...

Cas analogues

Tous les rêves où une fille vierge se voit poursuivie par un homme qui dirige vers elle une « canne », un « parapluie » un « couteau », une « épée », un « poignard », ou tout autre objet coupant ou pointu ayant, comme le pénis, le pouvoir de pénétrer dans un corps et de le blesser.

Ce peut être aussi une arme à feu, particulièrement le revolver dont la forme se prête à cette comparaison.

D'un symbolisme moins exact, plus « timide » en quelque sorte, ce pourra être un stylo, un crayon, une bougie, etc.

Il en sera de même dans un rêve où l'on perce les oreilles : le percement des oreilles étant le symbole de la défloraison.

Un tabou

Il tenait Josiane dans ses bras et lui disait des mots d'amour si tendres qu'il semblait à la jeune femme que jamais elle n'en avait entendus de plus doux.

Elle essayait de voir le yeux de l'homme, sa bouche, mais à chaque fois il détournait la tête en riant comme si c'eût été un jeu et elle n'arrivait à apercevoir de lui qu'un profil perdu ! Pourtant elle était sûre de le connaître bien qu'il fît tout pour qu'elle ne le vît pas.

Elle ne ressentait cependant aucune crainte, sachant que leur amour se perdait dans la nuit des temps, bien au-delà de la vie et de la mort. C'était un amour immense, incomparable, mais étrange et mystérieux.

Il était allongé près d'elle maintenant et il la caressait ; les caresses légères et hésitantes d'un enfant... Mon Dieu qu'il était jeune ! Josiane se rappela comme ils couraient tous les deux, doigts entrecroisés, quand ils étaient enfants !

Elle haletait dans ses bras, repoussant la main du jeune homme — mais pourquoi la repoussait-elle, elle en avait tellement envie ? — main qui tentait, un peu maladroitement, de la déshabiller. Elle ne le voulait pas parce qu'elle savait que c'était mal, en ignorant pourtant pourquoi !

Qu'y avait-il de mal à ce qu'elle se donnât à l'homme qu'elle aimait ?

Ils sortaient de la mer et étaient étendus, encore tout humides des vagues, sur la plage de sable.

Un chien courait autour d'eux, un peu affolé, semblait-il, en aboyant plaintivement et, non loin, une jument était là, les attendant nerveusement. Non, Josiane s'était trompée, ce n'était pas une jument mais un superbe étalon qui piaffait d'impatience, des éclairs jaillissaient de ses sabots.

Maintenant, ils étaient tous deux montés sur lui, et elle eut l'impression qu'ils s'envolaient tant son galop était à la fois doux et rapide.

Oui, à présent, elle en était sûre : ils volaient. Elle voyait, au-dessous d'eux, la mer qui, depuis qu'ils l'avaient quittée, était devenue furieuse : les vagues écumaient et quelques gouttelettes aspergèrent la jeune fille.

— Ne crains rien, dit-il, je suis là pour te protéger. Puisque tu m'aimes et que je t'aime, on ne peut rien contre nous. Notre amour est le plus pur, le plus beau qui soit !

Elle s'aperçut alors que l'étalon était en érection et le visage de l'homme se pencha enfin vers elle ! Le visage ravissant de beauté et de juvénilité d'un garçon de 20 ans... Josiane le voyait distinctement à présent : c'était celui de son frère. Elle poussa un cri !

Josiane revint à la réalité, réveillée par son propre cri. Elle n'était plus cette jeune fille de 18 ans aux longs cheveux blonds mais une femme de 35 ans, mariée à un homme de vingt ans son aîné et qu'elle avait épousé peu d'années auparavant.

— J'ai fait un cauchemar !

Non, elle se trompait, ce n'était pas un cauchemar qui l'avait fait crier, mais, elle s'en souvenait maintenant, l'intensité d'un bonheur qui s'évanouissait au fur et à mesure qu'elle revenait à la réalité.

Pourquoi avait-elle rêvé de son frère — elle revoyait nettement son visage lorsqu'il avait vingt ans. Qu'il était beau !

Le restant du rêve s'estompa jusqu'à ne plus lui laisser qu'un souvenir confus qu'elle n'avait pas envie de retrouver. Elle se serra contre son mari, son protecteur, et se rendormit.

La clé de ce rêve

L'*inceste*.

Les symboles

La *mer* où le frère et la sœur viennent de se baigner. Ils en sont sortis et se sont allongés encore tout humides sur la plage (analogie avec l'enfant qui sort du ventre de sa mère). Puis cette mer calme devient furieuse et tempêtueuse au fur et à mesure qu'ils s'éloignent d'elle (mère castratrice).

Le *chien* est ici le symbole de la mère. Il jappe tristement et court autour d'eux, affolé. C'est la mère qui s'angoisse parce qu'elle devine entre ses deux enfants un amour impossible.

La *jument* (symbole classique) représente la mère. Elle est près d'eux, et ne veut pas les quitter.

L'*étalon* devient, lui, un symbole érotique : monter à cheval signifie la possession sexuelle. Quand Josiane reconnaît le visage de son frère, l'étalon est en érection !

Pourquoi ?

Josiane a sûrement été amoureuse de son frère lorsqu'elle avait dix-huit ans. Peut-être même cet amour s'est-il réalisé ou a-t-il en tout cas été très près de l'être : un souvenir inoubliable en son subconscient ! Elle continue donc inconsciemment à aimer, non pas l'homme de 38-39 ans qu'il est devenu, mais l'éternel jeune homme.

C'est pourquoi elle a épousé, assez tard, un homme plus âgé qu'elle qui lui a permis de fuir l'image du jeune frère, éternel adolescent qui, en fait, l'a quittée en vieillissant, mais qu'elle retrouve en songe. Son fantasme est maintenant à l'état de rêve mais il a certainement influencé toute sa vie.

La solution

Josiane l'a trouvée d'elle-même en épousant un homme plus âgé qu'elle qui oppose sa maturité à l'ardeur et à la passion de la jeunesse. Son amour d'adolescente n'est plus qu'un songe ! Dans son subconscient, sans doute, le regrette-t-elle, mais cela ne l'empêche pas de mener une vie normale. Ce n'est pas toujours le cas et peut amener de graves perturbations dans une vie. Alors que dans l'Égypte ancienne l'inceste entre frère et sœur était considéré comme naturel, il est aujourd'hui l'un des tabous les plus respectés.

Cas analogues

A cause de ce tabou, les cas d'incestes réalisés sont assez rares, mais il est évident que la libido enfantine, qui se porte obligatoirement sur quelqu'un de très proche (père ou mère, frère ou sœur), peut resurgir au moment de la puberté. La fille fera alors une fixation sur l'image du père ou de son grand frère et le garçon sur la mère ou la sœur.

Ce sera le fantasme du « grand frère » mieux que tous les

autres garçons, ou de la sœur, « plus jolie », « plus féminine », « plus chouette » que n'importe quelle fille !

Mais généralement la conscience aura vite fait de refouler ces amours interdites ! Il arrive aussi qu'elle dérive ces amours « coupables » vers un but moral : par exemple ne pas se marier pour se consacrer entièrement à un parent ou à un membre de sa famille : frère ou sœur...

« Le psychanalyste pourra sans difficulté prouver à des individus de ce type qu'ils sont "amoureux" de leurs parents dans le sens ordinaire que l'on donne à ce mot » (Freud).

La vieille fille

Pour traverser le ruisseau qui coulait le long du trottoir, la vieille demoiselle serra très fort contre ses jambes sa jupe pourtant étroite. Mais il ne fallait pas risquer de la mouiller n'est-ce-pas ? Et si elle s'étalait dans cette eau fangeuse ?... Qu'au moins on ne voie pas ses dessous ! Sur la pointe des pieds, en grommelant, elle avança prudemment, maudissant la brève pluie du matin qui avait laissé ces flaques d'eau.

« La vieille demoiselle » ! Elle n'était pas si vieille que cela pourtant ; la cinquantaine à peine dépassée... Encore la jeunesse aujourd'hui ! Et, si elle avait voulu, avec son visage fin, ses yeux d'un bleu candide, sa silhouette restée celle d'une jeune fille, et sa gentille fortune « elle pourrait encore trouver preneur » disait avec son gros rire le boucher. Mais pour tout ce petit bourg où chacun se connaissait, elle était la Vieille Demoiselle ! Tout le monde avait oublié son nom : Cécile.

Jamais, de la mémoire des plus âgés, on ne lui avait connu un galant. « Pourtant à 18 ans, elle était mignonnette tout plein » se rappelaient les vieux, assis, le soleil revenu, devant la terrasse du *Tambour d'Arcole* à boire à petits coups le pastis de midi. Ils la regardaient trottiner à pas pressés et précis, son sac à main bien serré contre elle ainsi que son cabas, fermé par une pression, qui devait lui venir de sa mère. On n'en fait plus de pareils maintenant !

La boulangère lui tendit le pain rond, bien croustillant qu'elle gardait pour elle. D'un geste furtif, presque gêné, Mlle Cécile ouvrit son panier et y engloutit rapidement la miche, puis le referma aussi vite.

— Et mes brioches, réclama-t-elle, c'est demain dimanche !

— Oh ! j'allais oublier de vous les donner, s'excusa la commerçante. Pourtant je vous les ai mises de côté, car ce matin j'ai été dévalisée. Il ne me restait plus que des petits pains au lait.

La Vieille Demoiselle retroussa légèrement le nez, comme devant une mauvaise odeur.

— Je n'aime pas les petits pains... Eugénie non plus, ajouta-t-elle comminatoire.

Ce qui était peut-être faux, car elle n'avait jamais pensé à demander son avis à la vieille gouvernante qui l'avait élevée : robuste nourrice avant de devenir fidèle et dévouée servante.

— C'est de la faute de sa mère, aimait à soupirer Eugénie, si Mlle Cécile ne s'est jamais mariée. Celle-là, elle ne supportait pas de voir un jeune homme s'approcher de sa fille quand elle avait 18 ans ; ce qui eût été normal. Elle était bien jolie ma petiote à cet âge-là, mais si timide... La vue d'un garçon la faisait devenir rouge comme une tomate. C'est aussi qu'elle craignait d'être grondée par Madame. La vérité est que celle-ci était une égoïste qui avait peur que le mariage lui enlève son « bâton de vieillesse » comme elle disait ! Haussant les épaules, elle ajoutait : Et voilà le résultat... Alors qu'elle pourrait être mariée et avoir de beaux petits enfants que j'aurais élevés comme je l'ai élevée, elle ! Au lieu de ça, elle est restée fille. On peut dire que le seul homme que j'ai jamais vu chez nous c'est monsieur le curé et encore, l'ancien, celui qui est mort à 92 ans !

Elle se tut parce qu'elle apercevait sa patronne serrant entre ses bras, comme si elle avait peur qu'on les lui vole, sac et cabas.

En prenant bien garde de ne pas se regarder dans l'armoire à glace, la Vieille Demoiselle passa la longue chemise de nuit qui lui tombait jusqu'aux chevilles et dont elle boutonna les poignets. Elle était contrariée. L'épicier qui servait déjà sa mère venait de vendre sa boutique. Elle n'aimait pas le nouveau qui l'avait remplacé : un jeunot déluré, qui ne la connaissait pas et qui lui avait donné du « Madame ». Sèchement, elle l'avait remis à sa place : « Mademoiselle », avait-elle dit. Un peu étonné, il l'avait regardée et avait rectifié d'un « Ah ! bon, excusez ». Elle était sûre qu'il avait haussé les épaules !

Cécile se mit au lit avec un soupir de soulagement. C'était le moment agréable de la journée, celui où elle se glissait dans les draps bien frais, parfumés à la lavande qu'elle allait avec Eugénie cueillir dans la montagne et qu'elles mettaient en sachets.

Elle éteignit la lumière et s'endormit immédiatement d'un « sommeil sans rêve » comme elle disait... Ce qui était d'autant plus faux qu'elle rêvait beaucoup. Mais elle ne voulait pas se souvenir de ses songes qui lui laissaient toujours au réveil une impression désagréable qu'elle avait hâte de chasser.

Elle était chez l'épicier, le nouveau ; il ressemblait à un jeune homme qui avait tenté de lui faire la cour autrefois mais sa mère qui était à ses côtés le repoussait brutalement.

— Pas de ça chez nous, jeune homme, disait-elle et elle brandissait un long index. Jamais Cécile ne s'était aperçue que sa mère avait le doigt si long ; aussi long ; aussi crochu que le nez de la sorcière dans son livre d'images.

Puis sa mère disparut. Cécile avait une robe bleu pâle, dont elle avait défait les premiers boutons du corsage. Son sac grand ouvert était posé sur la caisse de l'épicerie et, dans le cabas, ouvert lui aussi, l'épicier entassait de curieux légumes dont elle s'aperçut sans surprise que c'étaient des bougies, un robinet, et une canne. Elle désigna un long couteau : « Ajoutez-moi aussi celui-là » dit-elle sur un ton enjoué. Elle fredonnait un petit air entendu à la radio, tout en tenant à la main une baguette de pain, encore chaude.

La Vieille Demoiselle se réveilla brusquement, son rêve était très net à sa mémoire — comme toujours ! — mais le lendemain matin elle ne s'en souviendrait plus.

« Comment peut-on avoir des songes aussi stupides ?, maugréa-t-elle et qui ne veulent rien dire... » Elle se tourna sur le côté et se rendormit aussitôt pour oublier un rêve dont elle n'aurait su dire pourquoi il lui laissait, une fois de plus, une impression désagréable.

La clé de ce rêve

Elle est très claire, contrairement à ce que croit Mlle Cécile ! Vieille fille par obligation, par obéissance à une mère autoritaire, dans son subconscient, Mlle Cécile le regrette profondément. Bien qu'aujourd'hui elle jure le contraire, quand elle était jeune, elle a désiré de toutes ses forces connaître l'amour et le faire. Ce qu'elle a profondément enfoui dans l'inconscient ressort dans ses rêves...

Les symboles

Dans la vie réelle, le sac et le cabas *fermés* sont les symboles de la virginité : la Vieille Demoiselle ne veut pas les ouvrir, pas plus qu'elle ne veut s'ouvrir à l'homme. Elle resserre sa jupe contre elle pour se protéger inconsciemment de toute tentative de viol et déteste tout ce qui est long et pointu : c'est-à-dire tous les symbole du pénis. Elle n'achète que des pains ronds, des brioches et n'aime ni les baguettes ni les petits pains.

Au contraire, dans ses rêves qu'elle juge d'autant plus absurdes qu'inconsciemment ils la gênent, elle retrouve la vérité : le sac et le cabas sont grands ouverts. Elle y engouffre des bougies, une canne, un couteau... autant de symboles phalliques.

La mère qui lui dit « Pas de ça chez nous » (pas de pénis) s'incarne dans l'image de la sorcière qui réunit en elle les deux sexes : elle en a les attributs phalliques de sa masculinité : le grand nez, l'index allongé. Elle est le symbole de la mère castratrice (Voir dans la seconde partie de ce livre « Mère ») repoussant l'homme qui pourrait détruire son pouvoir.

Pourquoi ?

Étant jeune, Cécile a vu sa vie sacrifiée par une mère abusive, sûrement « phallique », détentrice au sein de son foyer du pouvoir de « chef de famille ». Le père était soit mort, soit falot, inconsistant, obéissant à son épouse. Celle-ci a empêché le mariage de sa fille pour la garder afin qu'elle soit, comme le dit la gouvernante, « son bâton de vieillesse ».

Une fois sa mère disparue, le pli était trop pris pour que la jeune fille, devenue vieille fille, retrouve une vie normale.

La solution

Il n'y en a pas. Du moins dans ce cas. Il aurait fallu que,

jeune, Cécile lutte contre cette mère autoritaire et égoïste : ce qu'elle n'a pas eu la force de faire.

Plus tard, seule une analyse aurait pu l'éclairer sur elle-même...

Cas analogues

Toutes les filles qui sacrifient leur vie de femme au « devoir » de rester près de leur mère ou de leur père, même si ce ne sont pas exactement des « vieilles filles ». Il y en a encore aujourd'hui beaucoup plus qu'on ne le croit.

Le cas se retrouve aussi chez des homosexuels vivant avec leur mère et l'adorant. Chez eux, l'homosexualité n'est généralement pas congénitale mais acquise. Il se sont tournés vers les hommes pour ne pas imposer une femme (la leur) à la seule qu'ils aiment réellement (leur mère). C'est alors une dérivation du complexe d'Œdipe.

Rêverie en rose

Il s'était installé confortablement dans le fauteuil crapaud qui épousait si bien la forme du corps. Aussi douillet qu'un lit, ce fauteuil ! Après une journée monotone de bureau c'était bien agréable de se retrouver chez soi, seul.

Pourtant, ce soir, il lui manquait quelque chose : une présence... une présence féminine, oui ! Il rougit un peu à cette idée ! Célibataire endurci, à 48 ans René F. n'avait même pas une petite amie. Et il détestait entendre ses collègues parler avec tendresse de leur épouse ou faire une allusion, qui le choquait, à une rencontre d'un soir... Ah non ! ce n'était pas son genre.

S'il avait été riche, peut-être que... Mais il gagnait juste assez pour avoir une existence agréable de vieux garçon et il n'avait aucune envie — oui, c'était bien cela ; il se le répéta une fois de plus — de connaître les fins de mois difficiles pour le simple motif d'avoir une femme qui ferait du bruit, le dérangerait dans ses méditations, l'obligerait à... à... — il fronça les sourcils à quelque souvenir désagréable... Et peut-être même à s'occuper d'un enfant criard et coûteux.

Non, il était mieux ainsi... Bien sûr quand il avait encore sa mère il lui était plaisant de la retrouver le soir ; mais elle avait une petite pension et elle ne lui coûtait rien. Au contraire, elle ne savait que faire pour le gâter, le choyer. Et puis elle était si calme : « Surtout que je ne te dérange pas, mon petit » était sa phrase favorite. La seule femme vraiment qu'il ait pu supporter. Jamais ils ne s'étaient quittés jusqu'à sa mort.

Il se servit un whisky léger et s'autorisa une cigarette. Il s'en accordait trois pour la soirée. Le paquet d'américaines — il n'aimait que le tabac blond — était posé sur la table, près de lui, entre le téléphone et le Minitel que les PTT lui avaient généreusement, et coûteusement, octroyé.

Il avança la main vers l'appareil téléphonique, hésita, regarda le Minitel : un choix à faire... Il revint au téléphone. C'était d'une voix dont il avait besoin pour animer sa soirée solitaire ; une voix tendre, charmeuse, qui saurait lui dire les mots qu'il attendait.

Il fit un numéro qu'il savait par cœur et, avant même que

son correspondant lui répondît, il donna rapidement le numéro de sa carte de crédit.

— Je vous rappelle dans dix minutes... Patientez, vous en serez récompensé.

Il raccrocha le cœur battant et, fébrile, se resservit — une folie ! — un deuxième verre !

Le téléphone sonna — même pas dix minutes ! Balbutiant légèrement il dit :

— Je suis seul. Je voudrais...

Une voix fraîche et joyeuse le coupa :

— Mais bien sûr, pauvre ami ! j'ai justement à côté de moi une ravissante fille qui meurt d'envie de faire votre connaissance. Je vous la passe.

Une voix chaude, sensuelle, succéda à la première

— Vous voulez prendre un whisky avec moi ? C'est l'heure, non ?

Il sourit. A cette phrase simple ses craintes se dissipèrent. Comment avait-elle pu deviner...

— J'en ai justement un à côté de moi...

— Moi aussi. Vous entendez le choc des glaçons (un bruit cristallin) dans mon verre. J'en mets trois. Et vous ?

— Deux...

— Je m'appelle Josiane, mais pour vous je serai Josy. Et vous ?

Il hésita — « Non, pas son vrai prénom ! » — , puis jeta rapidement celui d'un de ses collègues :

— Luc.

— Eh bien, Luc, tu me plais beaucoup, tu sais. Je suis sûre que nous allons très bien nous entendre. Je te vois si séduisant... Brun ?

— Oui.

— Moi, je ne suis pas brune, pas blonde non plus, mais rousse avec des taches de rousseur comme Marlène Jobert ! Je suis de taille moyenne, mais si tu voyais mes seins ! J'ai une belle poitrine avec des petits tétons roses qui ne demandent qu'à être caressés.

René laissa échapper un petit gémissement : ces seins derrière ses paupières closes, comme il se les imaginait !

Au bout du fil, un rire léger, moqueur :

— Mais ce n'est pas eux que tu caresses, grand coquin, c'est toi !

Il bégaya :

— Oui... Non... Mais je voudrais... sucer tes seins.

— Écoute : j'ouvre mon corsage ; il est long, long à déboutonner mais sois patient, ne me brusque surtout pas ! Tu sais, c'est la première fois que je fais cela par téléphone. Et puis, pour tout t'avouer je n'ai fait l'amour que deux fois : une première fois avec mon frère ; la deuxième fois avec un inconnu dans un train... Ça te plaît que je sois presque vierge ?

Il continuait à tenir ses yeux fermés pour mieux sentir la présence corporelle de cette voix. Car c'était comme si elle était là à côté de lui : un corps bien réel aux seins jaillissant d'un corsage.

— Oh, oui !... oui !

— Mais tu sais, ça ne m'empêche pas de connaître un tas de trucs... Dis-moi tes fantasmes, mon chéri ; ne sois pas timide, je les satisferai quels qu'ils soient. Es-tu sadique ? Écoute...

Le claquement sec d'un fouet dans le téléphone arracha à René un petit cri de douleur :

— Oh non... Non... Pas ça ! J'ai horreur qu'on me fasse mal ! Je voudrais seulement... Peux-tu te déshabiller ?... Complètement ?

Un rire de gorge, voluptueux, chargé de sensualité, précéda la réponse :

— Alors soulève ma jupe, enlève ma petite culotte. Je suis toute nue maintenant. Toute nue dans un grand fauteuil. Je me caresse mais j'aimerais mieux que ce soit toi ! Tu es trop timide, viens près de moi.

— Oh, oui ! oui... Ta peau je la sens contre la mienne... Mais ce que j'aimerais encore plus c'est que tu prennes un à un mes doigts dans ta bouche et que tu les suces... Lentement...

— Eh bien ! tu en as des idées, toi ! Mais bien sûr, mon grand chéri... Hum ! tu sens ma langue ? Ah ! comme ils sont longs, ils arrivent jusqu'à ma gorge.

— Maintenant, c'est moi qui...

— Qui voudrais mettre ta langue dans ma vallée secrète, prendre ma petite perle dans ta bouche ?

— Oui — il haletait —, te sucer... Oui, te sucer...

— Luc... Ah, que c'est bon. Attends... A mon tour. Je passe ma langue sur ton ventre, j'adore ça moi aussi... Oh, comme tu durcis ! Je suis toute mouillée, tu sais ! J'ai ton gland sur mon bras... Tu veux que je prenne ta bitte dans ma bouche... C'est ça que tu aimes ? Pourquoi ne le disais-tu pas ? Ah, que c'est bon, que c'est bon ! Oh ! oh ! oh !... Je meurs, je meurs...

Doubles gémissements, doubles soupirs, doubles cris.

Silence subit du téléphone : les deux cent cinquante francs de plaisir sont écoulés. René s'en aperçoit-il ? Le répondeur qu'il a lâché se balance mollement au bout du fil, inutile.

D'un geste distrait, en regardant autre part, il reboutonne sa braguette.

Les clés de ce fantasme

Elles sont nombreuses et diverses : la succion, la timidité qui va jusqu'à s'entourer du mystère de l'incognito (René prétend s'appeler Luc), l'égoïsme, et très probablement aussi l'impuissance.

Les symboles

Ses doigts qu'il donne à sucer : substitution du pénis (timidité : il n'ose demander tout de suite ce qu'il désire).

Le *téléphone* ou le *Minitel* : René F. n'ose pas aborder une femme, même une prostituée.

Le célibat : il n'a jamais voulu se marier, préférant sa petite vie ouatée de célibataire.

Sa mère qui le « gâtait » développait encore son égoïsme.

Pourquoi ?

La succion est un fantasme sexuel des plus classiques, issu de la prime enfance (Voir dans la seconde partie du livre « Oralité », « Succion », « Pouce »).

La mère de René F. était sûrement une mère abusive qui a développé en son enfant les défauts qui lui ont permis de le garder près d'elle jusqu'à la fin de sa vie. Mais elle a aussi développé — sans s'en rendre compte — chez son fils un complexe d'Œdipe qui, très probablement, l'a rendu impuissant (la femme étant pour lui l'image de la mère intouchable). C'est son égotisme d'enfant gâté, toujours « dans les jupes de sa mère » qui l'a empêché de se marier et de mener une vie normale. Le téléphone et le Minitel ont, pour lui, pris la place de l'objet sexuel normal. Ils sont l'exutoire pour un solitaire dont la timidité est devenue maladive. Grâce à ces communications « roses » il « vit » un imaginaire amour de vingt minutes. (Voir dans la seconde partie de ce livre « Téléphone rose » et « Minitel ».

Cas analogues

Les timides, les curieux, les solitaires, les complexés. Également les « branchés ».

Dictionnaire des Fantasmes, des Symboles et du sens caché des Rêves

« La sagesse populaire a raison quand elle prétend que les rêves prédisent l'avenir. Tous les rêves ont un sens. »

Sigmund Freud

La clé des clés

Cette seconde partie comprend les mots clés et les mots symboles afin de concevoir ses fantasmes (qu'ils soient conscients ou inconscients) et, surtout, de déchiffrer cette énigme : le sens caché des rêves. Cela permet de se mieux connaître, mais aussi, ce qui est encore plus important, de découvrir le « réel » de la vie personnelle et de pouvoir ainsi, soit se préserver des dangers qui pourraient se présenter, soit, au contraire, de ne pas laisser passer une circonstance heureuse, un bonheur dissimulé.

Sous sa forme symbolique, le rêve nous avertit des malheurs ou des joies que nous connaissons *inconsciemment*, mais que, volontairement ou involontairement, nous nous refusons à voir ou à admettre.

Si la Vieille Demoiselle (voir p. 145) acceptait de connaître et d'admettre le sens caché de ses rêves et leur véracité, sa vie en serait sans doute transformée et donc sûrement plus riche et plus heureuse...

Combien d'autopunitions seraient levées si celui qui est sa propre victime réussissait à se dégager de la gangue de désespoir où, volontairement, il s'est enfermé.

Combien de timides, sachant la motivation qui est à l'origine de leur timidité, pourraient lutter contre un sentiment qui les empêche d'accéder à ce qu'ils désirent, mais qu'ils n'osent exprimer.

Combien de complexes dissimulés seraient mis au jour permettant à ceux qui les ont, de lutter contre... si...

Il ne faut surtout pas s'imaginer qu'il est difficile de se servir de ces clés et que, seuls, quelques initiés peuvent ouvrir les serrures qui bloquent le « subconscient » afin d'y faire pénétrer le « conscient ». Freud a écrit : « Les symboles nous permettent dans certaines circonstances d'interpréter un rêve... Lorsqu'on connaît les *symboles* usuels du rêve, la personnalité du rêveur, les circonstances dans lesquelles il vit et les impressions à la suite desquelles le rêve est survenu, on est souvent en état d' *interpréter un rêve sans aucune difficulté*, de le traduire, pour ainsi dire, à livre ouvert. »

Il s'agit, évidemment, de savoir discerner, avant tout, quel rêve est symbolique. Si on doit partir en voyage et, qu'en songe, on fasse sa valise, le rêve est en relation directe avec la vie, c'est un rêve clair et raisonnable qui ne nous intéresse guère. C'est dans les rêves qui manquent à la fois de sens et de clarté, qui sont incohérents obscurs et absurdes... que se rencontrent les énigmes... Enigmes qui cessent de l'être si l'on remplace l'obscur par le clair, grâce à la compréhension des symboles.

Voici donc sous la forme d'un lexique classé alphabétiquement (ce qui facilite les recherches) les clés d'or de nos fantasmes et de nos rêves. Les ayant entre les mains il n'y a plus qu'à s'en servir pour ouvrir soi-même les portes fermées de l'inconscient et du songe.

ABSTINENCE Pour l'homme comme pour la femme il s'agit d'un fantasme qui pousse à se priver volontairement d'une chose X (matérielle ou spirituelle). Le plus fréquemment, cela se fait inconsciemment, pour se « punir ». L'abstinence sexuelle « peut se poursuivre longtemps dans la mesure où le sujet fait appel à la substitution de la masturbation » (Freud). Elle a toujours une raison qui se trouve dans le subconscient (voir « Autopunition »).

ABSENCE L'absence de quelque chose (biens matériels ou biens spirituels, etc.) ou de quelqu'un. Pour l'homme comme pour la femme l'absence peut tourner au fantasme. Il peut s'agir aussi d'une « absence » datant de la prime enfance, restée imprimée dans le subconscient, par exemple, celle du sein maternel, ce qui a été mal supporté. L'absence peut aller jusqu'à engendrer des perversions ou mener à la dépression.

ACTE MANQUÉ *(symbolise une attitude inconsciente)* (voir « Méprise » et « Perte ») Pour l'homme comme pour la femme l'acte manqué, en cela pareil au rêve, a toujours un sens. Ce sera par exemple un rendez-vous auquel on aura oublié d'aller. En fait c'est le désir inconscient de ne pas aller à ce rendez-vous qui l'avait fait manquer. Inversement si l'on oublie un objet chez quelqu'un, c'est qu'on désire y retourner. C'est souvent aussi un désir d'autopunition, ou de sacrifice volontaire qui est responsable de l'acte manqué.

AGRESSIVITÉ *(perversité intellectuelle qui peut devenir sexuelle)* Pour l'homme comme pour la femme, poussée très loin, l'agressivité peut tourner au fantasme sous le couvert d'un mot d'esprit auquel « on ne peut pas résister », d'une caricature, etc. C'est le pouvoir de diminuer quelqu'un en s'en moquant ou en le dominant brutalement. Cette pulsion de destruction est souvent due à un complexe d'infériorité. En amour elle peut se manifester soit moralement — prendre plaisir à avouer à quelqu'un qu'on le trompe —, soit physiquement. Elle peut aller jusqu'à la perversité (fouets, chaînes, etc.) et la cruauté (voir les récits intitulés « Le fouet » et « La colombe »). Une mère agressive peut devenir une mère castratrice. Inversement : la pitié, la tendresse peuvent être une sorte d'agressivité en faisant sentir à celui ou celle qui en est l'objet son infériorité. Un timide peut être un agressif par compensation.

AIGLE *(symbole de victoire)* Aimer en avoir en reproduction chez soi suppose orgueil, vanité, désir de vaincre et d'être en tout le premier. En rêver, pour l'homme comme pour la femme signifie l'annonce d'une victoire sur soi-même ou sur d'autres (dans les domaines de l'amour, du social, du travail).

AMI(E) Symbole pudique pour amant ou maîtresse. On aura un(e) petit(e) ami(e). Mot clé pour les homosexuels : mon ami(e) pour « mari » ou « femme ». Pour un homme rêver qu'il a un ami qui se transforme en femme signifie homosexualité refoulée. Pour une femme même explication : une amie devient subitement un homme.

ANIMAL *(considéré comme symbole)* Pour l'homme comme pour la femme, l'amour exagéré des animaux peut tourner au fantasme allant jusqu'à entraîner des perversions. C'est un héritage génétique. Dans l'Antiquité les bêtes-dieux avaient fréquemment un rôle sexuel (Léa et le Cygne, le Minotaure, etc.). Selon Jung : en rêver peut aussi être le symbole d'un processus de transformation psychique. Pour la femme : si l'animal a un museau pointu, une trompe ou une longue queue, il symbolise le phallus (voir « Souris »).

ANOREXIE Refus de s'alimenter. Touche plus particulièrement les jeunes filles. En rapport avec des complexes parentaux.

APHANISIS Disparition subite du désir sexuel spécifiquement chez la femme (voir « Besoin sexuel »). Il est souvent en relation avec des complexes remontant à la première enfance ou à la puberté, mais peut aussi provenir de l'éducation : le plaisir sexuel est l'équivalent du péché ! Ce « fantasme » — dans le sens non pas à la mode de ce terme, mais dans son sens exact et profond — est l'un des plus graves qui soit. Physiquement, l'orgasme amène un afflux d'hormones dont le corps a besoin. Moralement, la personne qui en est atteinte ne peut qu'en souffrir par rapport à elle-même, et encore plus si, étant éprise de quelqu'un, elle ne peut lui donner ce qu'il attend d'elle : l'acte physique.

ARAIGNÉE *(symbole de la mère castratrice)* Pour l'homme, rêver qu'il écrase une araignée correspond au désir de fuir une mère abusive. Etre prisonnier d'une toile d'araignée signifie l'impossibilité d'échapper à la mère.

ARBRE Pour l'homme comme pour la femme, rêver d'un arbre dépouillé de ses feuilles ou rachitique est un symbole de faiblesse vitale ou cérébrale. En revanche, un arbre porteur de fleurs ou de fruits est le symbole d'une grande force souvent créatrice.

ARMES *(fréquemment symbole sexuel mâle)* L'homme qui se plaît à manier des armes, à en faire collection, est souvent un agressif ou quelqu'un se plaisant à faire étalage de sa force masculine, de sa virilité. Inversement : il camoufle parfois derrière ce symbole une impuissance. Pour la femme : (en réalité ou en rêve), la peur des armes est la peur de l'acte charnel ; l'admiration des armes signifie le désir de l'homme ou au contraire une homosexualité latente.

ARMOIRE *(symbole sexuel féminin)* Ainsi que les boîtes, les voitures, les fours, etc., les armoires remplacent, dans le rêve, l'organe sexuel féminin. « Le motif de cette substitution est facile à comprendre » (Freud).

AUTO-ÉROTISME *(onanisme)* Pour l'homme comme pour la femme, fantasme auquel on se livre (masturbation) en évoquant des êtres qu'on imagine (vedettes, femmes — ou hommes — rencontrés dans la rue, etc.). Signe parfois de narcissisme (voir ce mot). On peut ne pas s'y laisser aller, en le considérant comme un « péché », mais le retrouver sous forme de symbole dans ses rêves.

AUTOPUNITION Pour l'homme comme pour la femme, c'est un fantasme inconscient dû à un remords, d'ordre souvent sexuel, qui aboutit à la recherche constante d'une punition. Il fait se complaire dans toutes les situations pénibles : reproches, culpabilités, souffrances, voire maladies (dépression, etc.) et est presque toujours lié à une faute (réelle ou imaginaire, le plus souvent inconsciente) du premier âge. Inversement, l'autopunition peut aussi s'exercer par rapport à quelqu'un : l'enfant qui a fait une faute dont il n'a pas été puni se punira lui-même (en se faisant mal, en tombant, etc.) pour punir ses parents de ne pas l'avoir puni. Ce peut être un des facteurs du sado-masochisme.

AVARICE Pour l'homme comme pour la femme, l'avarice est en fait un fantasme venu de la première enfance, lors de la rétention anale qui procure au bébé une première jouissance (la muqueuse anale étant une zone érogène). L'avare « retient » son argent comme enfant il retenait ses matières fécales. L'avare, même aujourd'hui, conserve souvent de l'or, l'or étant l'« excrément du diable » (voir « Or »).

BAGUETTE *(symbole phallique)* Aimer jouer avec une baguette ou en rêver signifie, pour l'homme, le désir de montrer sa virilité (macho, fantasme de l'exhibitionnisme) et pour la femme le désir de tenir entre ses mains un sexe masculin.

BALAI *(symbole phallique)* Pour la femme, rêver qu'elle tient entre ses mains un balai, ou qu'elle le chevauche est un songe sexuel par excellence : elle désire un homme (voir « Armes »). Inversement, ce peut être le rêve d'une transsexuelle (voir ce mot), consciente ou inconsciente. Dans les contes, la puissance magique de la sorcière provient de ce qu'elle a assimilé les deux sexes. C'est pourquoi elle est toujours représentée avec un attribut phallique : grande dent, grand nez, bâton, etc.

BALEINE Image archétype de la libido (voir « Monstres »).

BARBE *(surtout taillée en pointe : symbole phallique)* Pour l'homme — surtout s'il taille sa barbe en pointe — c'est généralement le signe qu'il est sensuel. Pour la femme, qui dit : « je fantasme sur les barbes » c'est qu'elle est, en fait, physiquement attirée par les hommes. C'est une recherche de la sensualité qui peut aller jusqu'à la nymphomanie.

BAS Rêver que l'on est « en bas » indique, tant sur le plan spirituel que social, que l'on touche le fond négatif des choses (expression populaire : « Il est tombé bien bas »). C'est la ruine, la chute, la dépression, etc.

BATEAU « Je fantasme sur un onze mètres cinquante... » Fantasme actuel ! Jamais la navigation de plaisance n'a eu autant de passionnés. Fantasme plus masculin que féminin, la femme craignant la « mer » (analogie avec « mère abusive » : sa tendresse et ses fureurs). Le bateau est le symbole : — de la fuite : devant l'écrasement du « soi » par la société moderne ; l'instinct profond de l'individualisme ; — du refuge dans le ventre de la mère (mère mer). Il répond aussi à un lointain complexe œdipien (le bateau fend la mer).

BÂTON Symbole phallique (voir « Armes » et « Balai »).

BATTRE Pour l'homme comme pour la femme, fantasme sadique ou masochiste (voir ces mots) dont l'origine se trouve dans la prime enfance (rapport passivité-agressivité). Ce fantasme provient très souvent aussi d'un complexe d'autopunition (voir le récit « La femme battue »).

BÉBÉ Pour l'homme, appeler une femme « Bébé » le replace dans un climat enfantin. Désir refoulé d'être lui-même un bébé et de retrouver la mère ou la nourrice par laquelle il a eu son premier émoi sexuel. Pour la femme, être appelée « Bébé » répond à son enfantillage, au désir d'être gâtée, d'être traitée par l'homme en enfant. Inversement : le nom éveille en elle un émoi maternel : le « Bébé » étant alors l'homme.

BESOIN SEXUEL *(pulsion sexuelle ou libido)* Pour l'homme comme pour la femme, fonction physiologique essentielle à la vie. Le besoin sexuel est, chez tout être normal, l'équivalent de la faim. « Son assouvissement présente des analogies avec l'assouvissement de la faim » (Freud). Inversement : fantasme qui consiste à refuser tout rapport sexuel. La disparition du besoin sexuel est comparable à l'anorexie. Il a des causes analogues (voir « Anorexie » et « Aphanisis »).

BISEXUALITÉ Pour l'homme comme pour la femme, le (la) bisexuel(le) est tout à la fois hétérosexuel(le) et homosexuel(le). Freud a écrit : « Chez tout individu on trouve des vestiges génitaux de l'autre sexe » — on sait que l'embryon a un double sexe — « qui au cours de l'évolution s'oriente vers la monosexualité. » Chez l'adulte cette double tendance peut s'équilibrer en oscillant selon les circonstances amoureuses entre l'homo et l'hétérosexualité. Elle tend à devenir une perversion quand elle fait rechercher un troisième comparse. Elle peut dériver aussi, dans ce cas, d'un désir archaïque de polygamie. Avant que naissent — avec la civilisation — la jalousie et l'esprit de propriété, l'homme et la femme étaient sûrement polygames. Il en est resté des traces — malgré toutes les morales — dans notre mémoire génétique. Fantasme à la pointe de la mode : le « couple » à trois (3 : chiffre symbolique de la sexualité mâle) (voir « Nombres »). Très demandé par Minitel et dans les petites annonces...

BLANC Symbolise la virginité, la pureté, la justice. Le pape, la mariée, le communiant sont vêtus de blanc. Pour la femme encore plus que pour l'homme rêver de blanc signifie vouloir retrouver la pudeur et la candeur de l'enfant.

BLÉ *(symbole archaïque)* Pour l'homme comme pour la femme, rêver qu'on engrange du blé : symbolise le désir ou le besoin d'argent (le blé ancestralement était la garantie qu'on ne mourrait pas de faim puisqu'on aurait du pain). D'où l'expression populaire « avoir du blé » et la superstition : « Cueillir sept épis de blé pour avoir de l'argent toute l'année ». Rêver que l'on sème du blé (voir « Semences ») correspond au désir d'avoir des enfants.

BLESSURE Pour l'homme, rêver qu'il blesse une femme est le symbole du dépucelage ou du viol. Pour la femme, rêver qu'elle est blessée correspond à la peur ou au désir de perdre sa virginité. C'est aussi le fantasme inconscient provenant du complexe de castration qui peut aller jusqu'à la phobie du sang (peur, chez la petite fille, des règles).

BOUCHE *(zone sensuelle)* Dès la prime enfance, zone sensuelle, tant par la nourriture que par le toucher et la succion (« téter » est pour le nourrisson une jouissance). Preuve : la tétine qu'il réclame et que pour arrêter ses pleurs les parents innocents lui donnent. L'activité de succion est une des premières satisfactions auto-érotiques qui sera retrouvée, adulte, dans les pratiques de la vie sexuelle (fellation). Pour un homme comme pour une femme, « fantasmer » sur une bouche correspond au désir latent de la voir et de l'avoir. C'est aussi le désir inconscient de créer un foyer. Artémidore puis Jung ont vu la bouche comme une maison (le foyer familial) dont les dents étaient les habitants (voir « Dents »).

BOUGIE Dans les rêves une bougie non allumée est le symbole de l'organe mâle. On peut fantasmer sur une bougie comme sur tous les symboles phalliques ! Allumée, elle symbolise au contraire le spirituel, l'âme, l'intelligence. Éteindre une bougie : éteindre une flamme (voir ce mot). Ce peut être la flamme des sens : un amour qui se termine ; ou spirituelle : faire passer le matériel avant l'esprit. Ne plus croire en soi, ou en Dieu.

BOULIMIE *(complexe de compensation)* Fantasmer sur le chocolat, les gâteaux ou n'importe quelle nourriture est une compensation (à une déception amoureuse, un deuil, etc.). C'est aussi souvent une défense contre l'angoisse. Beaucoup de « gros » sont des boulimiques par compensation inconsciente. Ce peut être, plus profondément, un « fantasme archaïque » : assimiler les vertus de ce que l'on mange (voir « Cannibalisme »). Cela peut aller jusqu'à la névrose : se faire vomir pour pouvoir recommencer à manger.

BORDEL Exutoire de toutes les pulsions sexuelles. Aboutissement des fantasmes quels qu'ils soient. Depuis son interdiction, le bordel est devenu par lui-même un fantasme pour la femme — libérée — comme pour l'homme. On fantasme sur ce qu'on aurait pu y faire ou s'y faire faire. D'autant plus qu'aujourd'hui, dans beaucoup de pays qui l'ont interdit comme la France, il rejoint le rêve...

BOTTES Symbole sexuel de la virilité (le soldat, le chasseur... portent des bottes). Les bottes tiennent un rôle important dans le sadisme et le masochisme en étant le symbole de la supériorité et de l'autorité (« Je l'écraserai sous ma botte »). Pour l'homme : en faire porter par sa partenaire est un fantasme d'hermaphrodisme (la femme bottée excite le côté féminin de sa bisexualité). Pour la femme, en porter est un plaisir sexuel exaltant ce même côté bisexuel : dominer « virilement » l'homme.

BRANCHE *(casser des branches au cours d'une promenade ou en rêve)* Pour l'homme comme pour la femme, désir onanique.

« ÇA » *(le)* Nom donné par Freud à l'inconscient profond. « Son contenu comprend tout ce que l'être apporte en naissant » (Stafford-Clark). Nous pourrions dire autrement qu'il est la mémoire génétique archaïque. Il est donc, sans que nous en ayons aucune conscience, le principal responsable de nos pulsions, de nos fantasmes et de leurs symboles.

CAMBRIOLEURS *(leurs outils en tant que force brutale)* Pour l'homme, se délecter aux récits de cambriolage, s'imaginer soi-même cambriolant, ou rêver que l'on pénètre par effraction dans une maison exprime le désir refoulé du viol. Pour la femme, imaginer ou rêver qu'elle est cambriolée ; se complaire à des histoires de vol : inconsciemment désir d'être violée.

CANNE *(symbole phallique)* Démodée aujourd'hui elle a, pendant des siècles, été le fantasme de l'homme. Le dandy ne serait pas sorti sans une canne et en avait toute une série pour les différents moments de sa vie mondaine. A la même époque la femme était très sensible à l'élégance de ces cannes (voir « Baguette »). Mais si les symboles restent toujours les mêmes, les fantasmes qu'ils engendrent varient selon les époques.

CANNIBALISME *(symbole archaïque)* Pour l'homme comme pour la femme, rêver que l'on dévore un être humain est le désir de s'approprier les qualités d'un individu. Fantasme issu du « repas totémique » et des « repas mythologiques » où le dieu mangeait son père... à moins qu'il ne fût mangé par lui !

CARACTÈRE ANAL La région de l'anus est une zone érogène présentant une sensibilité particulière capable de produire des sensations de plaisir. C'est dans la première enfance qu'elle est d'abord exploitée par les enfants « qui retiennent leurs matières fécales jusqu'à ce qu'en passant par le sphincter anal, elles produisent sur la muqueuse une vive sensation » (Freud). Chez l'adulte elle peut devenir une perversion légère ou importante (voir « Coprophagie » et « Coprophilie »). Mais elle peut prendre aussi pour l'homme comme pour la femme une valeur symbolique spécialement sous trois formes : « un amour de l'ordre allant souvent jusqu'à la pédanterie ; une parcimonie tournant aisément à l'avarice ; une opposition pouvant aller jusqu'à l'opposition violente » (Abraham). Cela peut devenir un véritable fantasme : avarice, ordre exagéré, etc.

CASTRATION *(complexe de)* Pour Freud, c'est la solution fantasmatique trouvée par l'enfant pour comprendre la différence des sexes. Le garçon qui voit que son père a un pénis et que sa mère n'en a pas en déduit qu'on le lui a enlevé. Il en est de même pour la petite fille qui s'imagine avoir été mutilée. Donc, la différence qu'il y a entre un homme et une femme s'« explique » pour l'enfant par cette présence ou cette suppression du pénis, donnant ainsi la primauté à celui-ci : ce qui correspond à l'époque de Freud où la suprématie de l'homme ne pouvait être mise en doute ! Extrêmement important dans la théorie freudienne, le complexe de la castration est responsable pour Freud — indépendamment de sa réalité phallique — d'un grand nombre de fantasmes.

CAVE *(symbole de l'inconscient)* Pour l'homme comme pour la femme, rêver qu'on est ou qu'on descend dans une cave symbolise la recherche de l'inconscient. Rêve fréquent en analyse.

CAVERNE *(symbole de la mère)* Pour l'homme comme pour la femme, rêver qu'on se cache ou qu'on vit dans une caverne : symbolise le désir de se retrouver dans le ventre de sa mère : peur de la vie, fantasme inconscient du retour à la prime enfance. Vouloir sortir d'une caverne correspond au désir d'échapper à une mère abusive.

CENSURE Fonction de contrôle exercée par la conscience qui refoule des désirs jugés immoraux par celle-ci (voir « Conscience »). La censure est responsable des rêves, soi-disant « incohérents » qui transforment en symboles ce que la conscience refuse de laisser passer. Les lapsus et les actes manqués (voir ces mots) sont des expressions inconscientes ayant échappé à la conscience.

CHAPEAU Assez incroyablement, le chapeau joue un rôle primordial dans la vie et les rêves (perruques des juges, couronne..., dans les tarots, le chapeau du bateleur en 8 couché [(∞)] exprime l'infini des mathématiques, etc.). Pour les hommes comme pour les femmes, en rêve mettre son chapeau sur quelqu'un équivaut à rejeter sur lui nos fautes et nos défauts, à le rendre responsable d'une faute commise par nous. Le dicton le dit bien : « Faire porter le chapeau ». Jung dit de quelqu'un prenant en rêve le chapeau d'une autre personne : « le chapeau recouvre toute la personnalité... Le chapeau d'un étranger transmet une nature étrangère à celui qui le revêt. Il symbolise alors le changement du "soi" » (nouvel amour, nouvelle situation, nouveau départ dans la vie, etc.).

CHARRUE *(symbole phallique)* Il n'y a plus guère de charrue, mais même remplacée par le tracteur, ce symbole qui remonte à des temps reculés reste le même : la charrue symbolise la fécondation. Autrefois, dans certains pays, les nouveaux mariés allaient passer leur nuit de noces sur la terre : « Que la terre soit fécondée comme je féconde la femme » (Artémidore).

CHAUSSURE *(fétichisme)* « Il a trouvé chaussure à son pied », dit-on populairement ; ce qui symboliquement est stricte vérité. Pour l'homme, s'il est fétichiste (voir ce mot), la chaussure, comme bien d'autres perversions, a une profonde signification. Le pied (voir ce mot) étant perçu comme l'organe sexuel mâle, la chaussure qui le reçoit devient le réceptacle du pénis, donc le symbole de l'organe sexuel féminin. Cela explique la profonde emprise de cette perversion fétichiste sur ceux qui s'y livrent.

CHAUVE *(voir « Cheveux »)* Pour un homme, rêver qu'il est chauve est le signe d'une crainte de déficience, d'impuissance.

CHEVAL *(symbole de la libido en général)* Tant en réalité qu'en rêve, la plus belle conquête de l'homme est un symbole multiple : (mystique, vital et sensuel), et un des principaux : on le trouve aussi bien dans la mythologie que dans les légendes ou dans la réalité. Monter un cheval, le monter sans culotte ni slip, le fouetter avec une cravache font partie de tout l'attirail des récits érotiques et de l'érotisme à l'état réel. Le rêve peut y ajouter l'envol, la queue dressée (symbole du phallus), etc. Mais c'est aussi, contrairement, le symbole de la mère, de la vie et de la mort ; cela dépend des circonstances, et, dans les rêves, de ses rapports avec les autres objets du rêve. Dans les légendes, il voit les fantômes et prévient son cavalier des dangers. Pégase est le symbole des forces libérées des lois de la pesanteur (de la vie) et, mystiquement, ce fut un cheval qui emporta Mahomet au ciel. Son interprétation dépend aussi de sa couleur : noir, il est le cheval de Pluton, dieu de la mort (les chevaux des corbillards étaient de couleur sombre), mais dans la croyance populaire c'était un cheval pâle qui annonçait la mort (dans l'*Apocalypse* la mort est montée sur un cheval blanc). En songe un cheval rouge indique une passion qui ne recule devant rien, saute tous les obstacles. Il les saute aussi pour l'homme comme pour la femme quand on désire recouvrer sa liberté (divorce, séparation des parents, abandon de son travail, etc.). Galopant, le cheval est l'image de l'avidité (sans scrupules) : parier en rêve sur un cheval pour qu'il gagne est un élan vers le succès ; pour qu'il perde au contraire est un élan vers l'échec. Dans les rêves d'angoisse ou si l'on est déprimé, on imaginera le cheval se cabrant, jetant son cavalier par terre. Le monter avec ardeur signifie la possession sexuelle.

CHEVEUX *(organe sexuel secondaire)* Tout le monde sait que la force de Samson résidait dans ses cheveux. Dalila en les lui coupant la lui enleva (complexe de castration). Autrefois : avoir des cheveux longs — symbole de la force, donc de la domination — était réservé aux seigneurs. Les cheveux font partie des attraits sexuels, on coupe les cheveux des religieuses, on tonsure les prêtres : symboles du renoncement à la vie matérielle. Pour l'homme, rêver qu'il devient chauve (voir ce mot) équivaut à la peur de perdre sa virilité, la crainte de l'impuissance. C'est un rêve fréquent chez les hommes âgés. Dans la réalité, la perte de leurs cheveux peut leur donner un sentiment d'infériorité allant jusqu'à la névrose. Inversement, l'homme qui se rase le crâne : complexe de supériorité dû à un complexe d'infériorité ; lutte inconsciente contre ses inhibitions. Pour la femme, rêver que l'homme qu'elle aime perd ses cheveux, est la crainte inconsciente d'être délaissée. Dans la réalité, il arrive qu'elle en souffre d'une manière inconsidérée qui va jusqu'à ne plus avoir pour lui d'attirance sexuelle.

CHIEN *(symbole de l'instinct)* Si curieux que cela paraisse, le chien symbolise aussi le ventre de la mère. L'enfant qui se couche contre un chien, inconsciemment, désire être dans les bras de sa mère ; redevenir fœtus. Pour un homme comme pour une femme, rêver qu'un chien vous mord signifie que l'on s'attend inconsciemment à la trahison d'un ami. Mais, en fait, étant le symbole de l'instinct son apparition dans un rêve ne peut être interprétée que par rapport aux autres symboles du même rêve.

CIGARES-CIGARETTES *(symboles phalliques)*
Voir « Armes », « Bâton »...

CINQ Voir « Nombres ».

CLÉS *(symbole bisexuel : elles permettent d'ouvrir ou de fermer)* Pour l'homme, jouer avec ses clés, avoir un porte-clé visible... exprime sa virilité, son désir de « pénétrer » dans une femme. C'est par excellence le signe du « macho ». Pour la femme, perdre constamment ses clés exprime sa peur de l'acte viril, son refus de « s'ouvrir ». Cela est souvent dû à un souvenir d'enfance : « Lorsque de jeunes enfants sont témoins des rapports de leurs parents (qui fréquemment leur en fournissent l'occasion croyant l'enfant trop jeune pour comprendre la vie sexuelle), ils ne manqueront pas d'interpréter l'acte sexuel comme un mauvais traitement ou un abus de force » (Freud).

COMPENSATION *(complexe de)* Pour un homme comme pour une femme, remplacer quelqu'un qui vient à vous manquer (amour, deuil, abandon, etc.) ou quelque chose (situation) par autre chose sur lequel on se jette « goulûment » : nourriture, achats, animaux, etc. (voir « Boulimie »).

CONSCIENCE « La conscience est en réalité l'œuvre des jugements que nous avons acceptés de nos parents quand nous étions trop jeunes pour les mettre en question »

(Freud). Pour les hommes comme pour les femmes, la conscience joue un rôle important dans la vie et les rêves car elle s'oppose au « ça », au « moi » et au « surmoi » (voir ces mots), comme une barrière infranchissable. C'est par le détour des symboles que nous arrivons à savoir ou à comprendre ce que la conscience nous forçait à nous dissimuler.

CONSTIPATION Un rêve que l'on fait fréquemment est celui de la constipation : on va dans les toilettes avec le besoin de déféquer et on ne peut y arriver. L'homme comme la femme refoule ce rêve parce qu'il est gênant, alors que son symbole est des plus significatifs, c'est une image d'arrêt et d'auto-intoxication : on retient quelque chose ; on ne veut pas le donner. (voir « Avarice » et « Zone anale ».)

COPROPHAGIE *(fantasme de perversion)* Pour l'homme comme pour la femme, ingestion réelle ou symbolique (en rêve ou en imagination) des excréments. Fantasme de la première enfance, devenu chez l'adulte une perversion grave (voir « Caractère anal »).

COPROPHILIE Pour l'homme comme pour la femme, plaisir réel ou symbolique à regarder, sentir, ou toucher les excréments. Fréquemment, symbole d'un sentiment de culpabilité.

CORBEAU Symbole du porte-malheur dû aux faits qu'il est attiré par les semailles, et qu'il mange les semences ; qu'il mange les cadavres ; que sa couleur noire est symbole de deuil. Pour les hommes comme pour les femmes, rêver de corbeaux est signe de dépression, de tristesse. On rêve de corbeaux quand on a perdu un être cher.

CORPS HUMAIN *(symbole masculin et féminin)* Toutes les parties du corps sont les symboles d'un élément sexuel masculin ou féminin. Les parties saillantes du corps sont des symboles phalliques : doigts, tête, pieds, cheveux, dents, oreilles, menton (voir ces mots). Les parties creuses en sont les symboles féminins : creux de l'oreille, du nez, bouche (voir ces mots). L'œil est symboliquement bi-sexuel. La dépréciation de son corps peut conduire chez la femme à la frigidité ; mais l'admiration de son corps peut arriver au même résultat (voir « Narcissisme »).

COULEURS *(symboles des)* Les couleurs sont un symbole théologique : Fra Angelico dans ses toiles n'employait ses couleurs que par rapport à cette symbolique. Aimer particulièrement une couleur ou la porter ou en rêver correspond donc à un symbole.

COUTEAU *(symbole phallique)* Voir « Armes », « Poignard », etc.

CROIX Pour un homme comme pour une femme, rêver d'une croix, porter une croix : symbole de protection pour tous ceux qui appartiennent à la religion chrétienne. La plupart des Espagnols — pays d'inspiration catholique — portent sur la poitrine une croix en or ou en argent.

CRUAUTÉ *(complexe de)* Sadisme poussé à son extrême limite : il peut aller des coups aux sévices, et même jusqu'au meurtre.

CUILLÈRE *(symbole phallique en même temps que ména-ger)* Pour une femme, rêver qu'elle jette une cuillère symbolise son désir inavoué de se séparer de son mari ; la ranger, l'enfermer : garder son foyer ; l'enfermer dans un endroit fermé à clé qu'elle est une mère ou une épouse castratrice.

CULPABILITÉ *(complexe de)* La conscience ayant le sentiment (vrai ou faux) d'une faute éprouve le désir de la réparer. Pour un homme comme pour une femme, c'est en se « punissant » (Voir « Autopunition ») qu'on y arrivera. C'est un des complexes les plus importants car il peut mener à l'échec d'une vie.

DENTS Pour Artémidore, comme pour Jung, les dents symbolisent les habitants d'une maison : la bouche. Celles du côté droit, les hommes, celles du côté gauche, les femmes. Cela rejoint les croyances populaires qui voient, dans le rêve de la perte d'une dent, le présage de la mort d'un proche. Pour les hommes, rêver qu'on vous arrache des dents est, d'après Freud, le symbole de l'onanisme de la puberté. Étant donné que leur perte symbolise, en général, la séparation d'un membre du corps, certains psychanalystes voient dans ce rêve le symbole d'un complexe de culpabilité qui se rapporte justement à cet onanisme infantile. Pour les femmes, d'après Jung, les rêves de dents arrachées sont le symbole d'accouchement.

DÉFÉCATION La défécation est liée au complexe anal venant de la prime enfance (voir « Constipation », « Zone anale »). « L'érotisme anal comprend :
— le plaisir attaché à l'acte de défécation ;
— les satisfactions liées au produit de cet acte ;
— les recherches de sensation voluptueuse par excitation de la zone anale : masturbation, pénétration, etc. » (Larousse). Son origine se trouve dans la prime enfance. Chez les bébés qui « retiennent leur matière fécale jusqu'à ce que l'accumulation de ces matières produise des contractions musculaires violentes et que, passant par le sphincter anal, elles produisent sur la muqueuse une vive sensation. On peut supposer qu'à une sensation douloureuse s'ajoute un sentiment de volupté... » (Freud). La région de l'anus est, en effet, une zone érogène présentant une sensibilité particulière donc capable de produire des sensations de plaisir. Elle le restera comme une perversion sans grande conséquence chez beaucoup d'adultes, mais elle peut aussi par la suite se transformer et prendre une importance symbolique qui durera toute la vie. L'enfant apprend rapidement que le fait — naturel chez lui — de s'intéresser à ses excréments est « sale ». Mais, comme inconsciemment, le plaisir qu'il a ressenti conserve sa valeur, il se sublimise. Freud a écrit : « L'intérêt originellement porté à la défécation est destiné à s'éteindre dans les années de la maturité. Au cours de ces années apparaît, comme quelque chose de nouveau, qui jusqu'alors a manqué à l'enfant, l'intérêt pour l'argent. Cela facilite le fait que l'aspiration antérieure qui est sur le point de perdre son but se trouve transportée sur ce but qui est en train d'émerger. » (Voir

« Avarice ».) Pour les hommes comme pour les femmes, rêver que l'on évacue ses selles peut signifier que l'on se libère de ses inhibitions (comme le corps élimine ses déchets) : complexe de culpabilité, refoulements, etc. Le soulagement que cela procure peut représenter une libération psychique. En revanche, ne pas pouvoir déféquer pour un motif quelconque (ne pas trouver l'endroit adéquat, en être chassé, etc.) est le symbole du contraire : on ne peut se libérer de ses complexes et parfois de ses racines profondes (voir ce mot).

DEUIL *(travail de)* « Réaction à la perte d'une personne aimée ou d'une abstraction mise à sa place comme la patrie, la liberté, un idéal, etc », (Freud). Une séparation amoureuse peut aussi amener un état comparable. « Le travail de deuil » caractérise le comportement inconscient de celui ou de celle qui est en deuil pour se libérer de son désespoir. Freud encore a écrit au sujet de la mort et du travail de deuil : « L'objet aimé n'existe plus et édicte l'exigence de retirer toute la libido des liens qui la retiennent à cet objet. Là s'élève une rébellion compréhensible et pendant ce temps l'existence de l'objet se poursuit psychiquement. » Nous ne réagirons pas tous de la même manière, mais, chacun à sa façon, « après avoir achevé le travail de deuil, redevient libre et sans inhibition ». Pour un homme comme pour une femme, le deuil peut devenir un fantasme dans certaines perversions où l'on oblige le partenaire à se mettre en deuil. C'est alors la recherche d'un effet de morbidité lié à un souvenir d'enfance. (Voir aussi « Fétichisme ».)

DOIGTS *(symbole masculin)* Les doigts comme le nez, le menton... sont des symboles sexuels mâles... qui peuvent exciter le désir si on sait en jouer ! Pour la femme, tous les mouvements de doigts peuvent éveiller en elle des fantasmes sexuels.

DON JUANISME Recherche constante de la femme idéale (et introuvable). Le don juanisme a presque toujours pour origine le complexe d'Œdipe ou une fixation enfantine faite sur une femme qui peut appartenir ou non à sa famille (une sœur aînée, une amie de sa mère, etc.).

DRAGON *(Symbole bisexuel)* Pour l'homme comme pour la femme, rêver de dragon est le symbole d'une passion puissante qui peut mener aux pires excès ; en général, il représente tout ce qui est terrifiant ou angoissant. Ce peut être aussi l'image de la mère abusive ; d'un désir violent de vaincre ; du psychisme inconscient... Cela dépend du contexte du rêve.

DROITE Pour l'homme comme pour la femme, d'après Artémidore, les objets que l'on voit en rêve sur la droite symboliseraient toujours quelque chose ou quelqu'un de masculin (exemple : les dents situées du côté droit représentent les hommes). Si dans son songe, le rêveur se dirige vers la droite, cela influe sur le symbolisme du rêve. Dans les civilisations patriarcales, idée de supériorité.

EAU *(symbole de la maternité)* Pour l'homme comme pour la femme, l'eau sous forme d'étang, de lac, de mer... représente le sein maternel d'où toute vie naît.

EFFONDREMENT D'UNE MAISON Pour l'homme comme pour la femme, c'est le rêve fréquent qui symbolise une transformation : soit dans la vie — par exemple à la veille d'un divorce ou d'une rupture — , soit dans l'être lui-même. Il s'agit alors d'une transformation radicale de la vie spirituelle.

ÉJACULATION Pour l'homme, cette émission séminale provoquée normalement par des rapports sexuels peut aussi l'être par un fantasme de nature érotique accompagné ou non de masturbation (fantasmer sur la photo d'une femme nue, d'une vedette, etc.). Dans l'éjaculation retardée, liée à un symptôme d'impuissance, la psychanalyse regarde cette manifestation comme le désir inconscient de priver la femme d'un don. Ce peut être aussi la crainte de perdre son identité et son intégralité corporelles dans l'acte sexuel. Dans ce cas, « l'acte sexuel est susceptible d'être fantasmé et représenté comme un danger de mort ».

ÉLECTRE *(complexe d')* Expression utilisée par Jung pour désigner un complexe d'Œdipe féminin. La fille est inconsciemment amoureuse de son père comme le fils l'est de sa mère (voir « Œdipe »).

ÉLÉPHANT *(symbole sexuel mâle)* Même symbolisme que pour tous les animaux à museau pointu ou à trompe (voir « Animaux »).

ENFANT *(symbole du « Moi » — voir ce mot)* Rêver d'un enfant revient en fait à rêver de soi, mais sur un plan spirituel. Jung considère le symbole « enfant » comme la fin de l'évolution du rêveur. On en rêve très souvent lors d'une analyse, alors que l'on arrive à la fin de celle-ci. Pour l'homme comme pour la femme, en revanche, « fantasmer » sur un enfant réel fait partie des perversions sexuelles (voir « Pédophilie »).

ENTERREMENT Voir « Deuil ».

ÉROGÈNE *(zone)* Propriété d'endroits du corps — ou du corps tout entier — de se comporter comme source de plaisir sexuel.

ÉROS *(l')* « Ceux qui considèrent la sexualité comme quelque chose qui fait honte à la nature humaine sont bien libres de se servir des termes plus distingués d'Éros et d'érotique » (Freud).

ÉROTIQUE Recherche des diverses excitations sexuelles (films érotiques, littérature érotique, journaux et dessins érotiques, etc.). Freud considérait ironiquement l'emploi de ce mot comme dissimulant ce qui est vécu ou conçu comme honteux dans la sexualité (voir « Eros »). En fait, aujourd'hui, « Eros » et « sexualité » sont devenus synonymes.

ÉROTISME ANAL *(perversion)* Désigne les recherches de sensations voluptueuses par excitation de la zone anale. Peut symboliquement se rattacher à l'argent. (voir « Avarice », « Caractère anal » et « Défécation »).

177

ÉROTISME URÉTRAL *(perversion)* Fantasme de perversion qui a son origine dans la prime enfance (croyance que le père urine dans le corps de la mère). Il peut être en relation avec l'impuissance : l'urine devient alors le symbole de l'éjaculation. Ce peut être aussi un acte de sadisme pour humilier son partenaire.

ESCALIER Pour l'homme comme pour la femme, rêver d'escalier, d'après Freud, est le symbole de l'union sexuelle. L'escalier peut aussi symboliser le désir de s'élever sur le plan social, matériel, ou spirituel : alors on monte. Si on descend, cela revient à vouloir se diminuer, s'abaisser — rêve que l'on retrouve fréquemment dans les complexes d'infériorité, d'échec ou d'autopunition.

ESPACE Symbole qui n'a pas changé au cours des siècles. Les positions du rêveur dans l'espace — gauche, droite, haut, bas, milieu — (voir ces mots) déterminent souvent l'interprétation d'un rêve.

ÊTRE ENFERMÉ D'après Freud, rêver que l'on est enfermé peut être la réminiscence de l'état prénatal ; mais symboliquement cet état exprime l'étouffement, le manque de liberté (comme le fœtus dans le ventre de sa mère) et le désir de se libérer (comme le bébé sort du ventre maternel). Pour l'homme comme pour la femme, désir avoué ou inavoué d'échapper à des liens : ceux du mariage, de la famille, etc.

ÊTRE EN SCÈNE Et avoir oublié son texte ou son costume est un symbole analogue au précédent. A l'angoisse s'associe de plus un sentiment d'infériorité : on a « raté » sa vie comme on « rate » son rôle.

EXCRÉMENT Voir « Défécation ».

EXHIBITIONNISME *(perversion)* Fantasme consistant à montrer dans un but bien déterminé et toujours érotique, ses organes sexuels. Il est le contraire du voyeurisme mais ces deux perversions ont souvent lieu chez la même personne. Il est d'origine enfantine : être nu satisfait et excite beaucoup plus sexuellement les enfants qu'on est porté à le croire. Par ailleurs, une curiosité normale leur fait désirer de « voir » les organes sexuels des adultes pour savoir s'ils sont comme les leurs. L'homme est plus porté — en général — que la femme à l'exhibitionnisme. On peut aussi le reporter sur quelqu'un d'autre et le faire exécuter par lui. « Dans ce cas le but sexuel se manifeste sous une double forme : active et passive » (Freud) Dans le récit « Bois de Boulogne » par exemple (p. 13), l'homme est actif moralement et passif physiquement. Les voyeurs et les exhibitionnistes présentent fréquemment une pulsion à la cruauté qui devient alors « un des facteurs de la composante sexuelle » (Freud).

FAGOT *(symbole sexuel masculin)* Pour l'homme, rêver qu'il jette des fagots dans un feu ou dans un four (voir ces mots) est le désir inconscient de paternité. Les en retirer, les éteindre est désir de rupture. Pour la femme, rêver qu'elle retire des fagots d'un feu, empêcher quelqu'un d'alimenter un foyer : symbolise le refus de l'homme ou de la maternité, la peur de perdre sa virginité.

FAUVE Les grands fauves : lions, tigres... symbolisent l'instinct brutal, la passion, la création. Pour l'homme, rêver d'un fauve exprime le désir de dominer, d'être le plus fort, le plus grand, le plus puissant : ce sera le fantasme d'un businessman ou d'un créateur. S'il tue le fauve c'est qu'il a supprimé en lui l'espoir de devenir ce qu'il désirait être. Cela peut aussi dans certains cas symboliser le désir de tuer quelqu'un. Pour la femme, si elle a peur que le fauve saute sur elle, elle craint d'être dominée par ses passions. Si le fauve s'en va, elle n'obéit pas à ses pulsions mais respecte son devoir.

FELLATION *(perversion)* Succion d'un sexe. Perversion liée au souvenir inconscient de l'enfance où la bouche est très tôt un organe de jouissance, en particulier par la succion (le sein de la mère pour les nourrissons) (voir « Bouche »).

FEMME PHALLIQUE Représentation fantasmatique de la femme qui symbolise l'autorité masculine (populairement : « elle porte la culotte »). Un homme faible, un homosexuel inconscient peuvent être attirés par cette femme dominatrice qui est souvent une castratrice. La femme phallique peut aussi être une homosexuelle ou une transsexuelle consciente ou inconsciente.

FÉTICHE Objet symbolique associé à la recherche du plaisir prenant la place du sexe, et sur lequel se concrétise le désir sexuel. Cet objet symbolique a été nommé « fétiche » d'après l'adoration des peuples primitifs pour des objets inanimés qu'ils dotaient d'une âme.

FÉTICHISME *(déviation perverse de l'acte sexuel)* « Moi je fantasme sur les porte-jarretelles et moi sur la lingerie noire... » Ce n'est pas grave, mais c'est déjà du fétichisme ! Perversion où le sexe est remplacé par un objet n'ayant aucun rapport avec lui. « Ce peut être une partie du corps, peu appropriée à ce but sexuel (cheveux, pied) ou un objet inanimé » (Freud) : par exemple, une pièce d'habillement : chaussure, jarretière, gant... On peut soit se contenter de ce substitut — ainsi certains ne parviennent à l'orgasme qu'en se masturbant devant un miroir, complètement nus, mais portant ou tenant le symbole fétiche — , soit exiger de son partenaire des caractères fétichistes tels que la couleur des cheveux ou un habillement spécial : bottes, bas noirs, etc. « Dans le choix du fétiche se manifeste l'influence persistante d'une impression sexuelle ressentie dans la plupart des cas au cours de l'enfance » (Freud). Cela à une période fondamentale de la prime enfance. La libido se trouve alors souvent fixée d'une manière irréversible sur ce symbole. Aujourd'hui il semblerait que la mémoire génétique joue aussi son rôle dans le fétichisme. Chez les hommes plus encore que chez les femmes, le fétichisme est un fantasme beaucoup plus « classique » qu'on est porté à le croire. Garder précieusement un objet qui a été porté par la femme (ou l'homme) que l'on aime est fréquent. « Apporte-moi un fichu ayant couvert son sein » disait Faust ; voilà qui est déjà du fétichisme. Cela peut aller de cela (qui est un sentiment normal) jusqu'à une perversion qui devient une déviation « vicieuse » de l'acte sexuel (voir le récit « Un vicieux », P. 30).

FÉTICHISTE Celui qui ne parvient à un désir sexuel ou à un orgasme qu'à la condition d'associer à son plaisir un « fétiche ». En principe, mais ce n'est pas toujours le cas, une pièce d'habillement.

FEU Image archétype de l'esprit et de l'amour ; est aussi sublimisé — par le « moi » supérieur. Pour l'homme, le feu est le symbole de l'acte créateur et de la paternité. L'homme qui, en rêve, alimente un feu désire ardemment un enfant. Le laisser s'éteindre est un symbole de laisser-aller, d'abandon... La femme, qui en rêve jette de l'eau sur un feu, le laisse s'éteindre : fin d'un amour, rupture, refus d'être mère, ce que, inconsciemment, dans la réalité, elle refuse de s'avouer. Pour l'homme et pour la femme, un feu très fort prêt à tout consumer symbolise la passion violente qui peut amener une rupture.

FIXATION Persistance d'un attachement à une personne ou à une situation du passé et que l'on se plaît à répéter réellement ou symboliquement. Exemple : faire une fixation sur sa mère (complexe œdipien). Souvent le fixateur d'un souvenir est dû à une mort ou à une disparition. Freud cite le cas d'une jeune fille qui avait gardé de son enfance l'habitude de sucer son pouce, ce qui lui procurait un tel plaisir qu'elle affirmait que seul un baiser très passionné — et encore !... — pouvait lui procurer l'égal du plaisir qu'elle tirait de la succion du pouce. Cette fixation sur la succion se retrouvera dans sa sexualité.

FLAGELLATION On peut en rêver..., elle peut aussi devenir rêve réalisé. Pour l'homme : sadisme, autorité du mâle dominateur. Elle révèle souvent le contraire. L'homme pour se « sentir » un mâle et donc être sexuellement viril a besoin de dominer la femme pour arriver à son but. Pour la femme : masochisme, besoin d'être dominée. Souvent par crainte de l'acte physique, c'est la domination (symbole du viol) qui alors l'y oblige — ce qu'en fait elle désire. Inversement, l'homme qui aime à être battu est un masochiste, il est généralement en proie à un complexe d'autopunition. Exemple : un homosexuel refoulé pour qui la femme devient un homme et qui en même temps s'en punit. La femme qui aime battre est, elle, une femme phallique (voir ce mot).

FLAMME Pour l'homme comme pour la femme, ce peut être celle du feu, mais aussi celle d'une bougie ou celle d'une lampe. En rêve : la flamme est le symbole de la « flamme conjugale » donc du foyer. L'éteindre symbolise le renoncement à tout désir créateur ou à un amour. Une flamme puissante est le symbole du désir de création physique ou spirituelle. (Voir « Feu ».)

FLEUR D'après Jung, symbole du « soi » ou de l'âme.

FOUR *(archétype du sein maternel)* Pour l'homme, rêver qu'il allume un four, y enfouir un pain : désir de paternité. Enlever quelque chose du four ou l'y laisser brûler : refus d'endosser une paternité. Pour la femme, s'occuper avec attention de quelque chose placé dans un four : désir de maternité. L'en retirer violemment, le laisser brûler ou le jeter : refus inconscient de maternité.

FOURRURE La fourrure évoquant la toison pubienne est, tant pour l'homme que pour la femme, un fantasme de sexualité. Pour l'homme, la fourrure est évocation de la fourrure pubienne. Pour la femme, être en public, nue sous un manteau de fourrure est un fantasme de nymphomane ou — au contraire — de frigidité (exciter le désir, sans pour autant le calmer).

FRIGIDITÉ Pour la femme uniquement, la frigidité est l'incapacité partielle ou totale, momentanée ou constante, de jouir en faisant l'amour. Ce peut être évidemment dû à une malformation et relever du gynécologue, mais, fréquemment, la frigidité est une incapacité psychosomatique d'aboutir à l'orgasme. Ce n'est pas un fantasme, mais c'en est généralement un qui est à son origine et qui a déclenché ce refus inconscient du plaisir. Les causes en sont multiples : ce peut être la peur du pénis ou de l'acte sexuel qui a amené un blocage ; l'origine se trouve toujours dans l'enfance : la petite fille peut avoir surpris des adultes faisant l'amour et aura pris les gémissements du plaisir pour ceux de la douleur. Elle se sera créé un fantasme où jouissance devient synonyme de souffrance : donc pour ne « pas avoir mal », il ne faut pas prendre de plaisir !... Elle peut aussi avoir été victime d'un exhibitionniste qui lui a fait peur ou d'une tentative de viol qui de même, est responsable de cette inhibition.

FRUSTRATION Acte de privation : « Faire subir un manque à quelqu'un ou chercher à se l'imposer à soi-même » (Larousse). La frustration est en fait le refus de ce que l'on désire et peut donner aussi naissance à un fantasme qui va le remplacer tout en le dissimulant.

FUSIL Voir « Armes ».

GAUCHE Pour l'homme comme pour la femme, les objets qu'en songe on voit sur la gauche symbolisent quelque chose ou quelqu'un de féminin. Si on se dirige vers la gauche, cela influe sur le symbolisme du rêve (voir « Droite ».)

GLACE Pour l'homme comme pour la femme, dans un rêve, la glace symbolise la frontière qui sépare le conscient de l'inconscient, comme la couche de glace sur l'eau sépare celle-ci de l'air. Briser la glace c'est briser la couche qui sépare le conscient de l'inconscient.

GRATIFICATION Terme employé en psychanalyse pour une tendance exagérée à offrir. La gratification a plusieurs significations : — celui qui donne fait son obligé de celui qui reçoit (il « paye » pour ne rien devoir), — ce peut être aussi un souvenir du stade anal : « le bébé donne son pot à sa mère ». Inversement, il peut s'agir d'une frustration (voir ce mot). On se prive de quelque chose — en le donnant — pour se punir (voir « Autopunition »).

HAINE Pour l'homme comme pour la femme, la haine est un sentiment d'agressivité qui peut aller jusqu'au fantasme du meurtre. Inversement, c'est un sentiment de culpabilité refoulé que l'on rejette sur quelqu'un.

HALLUCINATION Elle peut être provoquée par un fantasme poussé à l'extrême : c'est alors la satisfaction imaginaire d'un désir.

HÉROS « Fantasmer » sur un héros... est l'un des fantasmes les plus répandus. Celui qu'on prend pour « son » héros pouvant être aussi bien une vedette de l'actualité, du sport, de l'art (vedette de cinéma ou du show-business) que quelqu'un de plus âgé ou ayant une importante situation... Le « héros » est en réalité pour l'homme comme pour la femme un symbole de soi-même que l'on voudrait, comme le héros choisi, supérieur.

HIPPOPOTAME Pour un homme comme pour une femme, voir en rêve un hippopotame symbolise la mère abusive et dévoratrice.

HOMME Pour une femme, un homme inconnu qu'elle voit en rêve peut être le symbole de la partie masculine de la rêveuse. Ce que Jung nomme l'« *animus* ».

HOMOSEXUALITÉ Pour l'homme comme pour la femme, les homosexuels sont « ceux dont la sexualité n'a pour objet que des individus appartenant au même sexe qu'eux... ils se comportent différemment selon le jugement qu'ils portent sur eux-mêmes. Pour les uns l'inversion est une chose naturelle... d'autres sont en révolte contre le fait de leur inversion » (Freud). Ils iront dans ce cas jusqu'à la nier. Ce peut alors devenir un fantasme que l'on retrouvera symboliquement en rêve chez eux n'osant pas s'avouer cette tendance qui leur paraît « honteuse ». Autrement dit, en langage actuel, les homosexuels « s'assument ou ne s'assument pas ».

HUIT Voir « Nombres »

HYPOCONDRIE Fantasme du « malade imaginaire ». Celui ou celle qui en est atteint est constamment inquiet au sujet de sa santé et se découvre chaque jour de nouveaux maux. L'angoisse qu'il en ressent est fréquemment le symbole d'un parent (père ou mère) qu'il craint ou qu'il a craint étant enfant.

IDÉAL PERSONNEL Pour l'homme comme pour la femme, on construit son « moi » idéal d'après les modèles les plus divers dont le mélange réalise l'être « supérieur » que l'on rêverait d'incarner. (voir « Héros »).

IDÉALISATION Pour l'homme comme pour la femme, c'est surtout en amour que joue le processus de l'idéalisation : on « idéalise » toujours ce que l'on aime. Mais ce peut être aussi le « héros » (voir ce mot) que l'on idéalise d'autant plus qu'on voudrait être à son image (voir « Idéal personnel »).

IDENTIFIER *(S')* Se sentir identique à quelqu'un, se confondre avec lui en pensée ou en rêve. Exemple : s'identifier avec le héros d'un roman ou d'un songe. « La psychanalyse est familière de processus d'identification... Le malade qui pour s'évader a besoin de la clé de l'asile arrive à croire qu'il est lui-même cette clé » (J.-P. Sartre).

IMMATURITÉ SEXUELLE Sexualité qui ne dépasse pas chez l'adulte le stade de la puberté et se contente généralement d'attouchements, sans arriver à l'acte sexuel normal. Pour la femme, cela peut entraîner la frigidité ou le refus de pénétration. Pour l'homme, l'impuissance. L'immaturité sexuelle peut être en relation avec le fétichisme (voir ce mot) ou avec certaines névroses (voir ce mot).

INCENDIE Voir « Feu » et « Flamme ».

INCESTE Le choix sexuel de l'enfant a pour premier objet d'amour sa mère et son père. Il peut aussi se porter sur des êtres très proches comme le frère ou la sœur. Contrairement à d'autres civilisations (par exemple certaines civilisations antiques ou primaires), il y a un tabou sur les relations sexuelles consanguines. A mesure que l'enfant grandit il se soustrait normalement à cet attrait pour porter son intérêt sur d'autres sujets. Pour l'homme comme pour la femme, chez l'adulte l'inceste — reconnu ou non — est un reste d'infantilisme. « Les fixations incestueuses de la libido jouent de nouveau ou encore le rôle principal de la vie psychique inconsciente » (Freud). En rêve — si dissimulé soit-il dans l'inconscient — l'inceste peut se révéler par des substitutions d'individus qui, quoique n'ayant pas leur visage, incarneront dans le songe le frère ou la sœur, le père ou la mère... Les fantasmes relatifs à l'inceste parental sont connus sous le nom de « complexe d'Œdipe » et « complexe d'Électre » (voir ces mots).

INCONSCIENT L'inconscient, c'est tout ce qui est en nous, se passe en nous et dont nous dépendons, et que pourtant nous ignorons. Créateur de nos fantasmes, notre inconscient ne peut nous être révélé que par des symboles qu'il faut savoir déchiffrer, que ce soit dans la réalité ou dans les rêves.

INCORPORATION Fantasme portant à s'incorporer dans quelqu'un d'autre ou à se prendre pour lui. C'est ce qui portera quelqu'un à imiter physiquement et/ou moralement celui qu'il voudrait être. Fantasme spécifique de l'adolescent qui cherche à imiter, dans sa manière de se vêtir ou de vivre, son héros (voir ce mot).

INDEX *(symbole phallique)* Rêver d'un index anormalement allongé est pour la femme l'indice d'une recherche sexuelle. Pour l'homme comme pour la femme, si cet index est celui de la mère ou de sa représentation ce peut être le symbole d'une mère abusive ou castratrice (voir ces mots) que l'on se refuse à voir dans la réalité.

INDIVIDUS DÉPENAILLÉS Mendiants, clochards... vus en rêves sont les symboles, pour l'homme comme pour la femme, de sa propre personnalité, négligée, désemparée, se laissant aller, retournant parfois même à l'enfance ou à la primitivité. Leur présence dans les rêves peut être considérée comme le signal d'une dépression latente.

INFÉRIORITÉ *(complexe d')* Avoir un complexe d'infériorité, c'est se sentir et (fréquemment) se complaire dans un sentiment d'infériorité, soit vis-à-vis de quelque chose (par exemple son travail), soit vis-à-vis des autres. Pour les hommes comme pour les femmes, le complexe d'infériorité peut s'exprimer dans la réalité par des actes de découragement, de dépit, de relâchement ou de renoncement, soit symboliquement en rêve. Il peut aussi se compenser par un complexe de supériorité. Par la manifestation d'une vanité si excessive qu'elle atteint parfois le ridicule.

INHIBITION Gêne, blocage, malaise émotionnel momentané ou constant, devant certains faits ou certains êtres. L'inhibition peut être inconsciemment volontaire.

INONDATION Rêver d'inondation, pour l'homme comme pour la femme, est le symbole du processus de la transformation psychique telle que l'expose Jung. Songe fréquent lorsque l'on est en début d'analyse.

INSTINCT Tendance innée, profonde, irréfléchie, propre à tous les êtres vivants, et dans laquelle il est probable que la mémoire génétique archaïque tient un rôle. Freud a considéré la pulsion sexuelle comme un instinct.

INSTINCT DE MORT Est le contraire de l'instinct normal de vivre ou de survivre par tous les moyens. « Certaines personnes sont condamnées à l'autodestruction et ne mettront à profit les efforts d'autrui qu'en vue de retarder ou de compliquer la fin qu'elles recherchent » (Stafford Clark). C'est ce qu'on nomme vulgairement des « suicidaires ».
Freud voyait en ces pulsions, quelles qu'elles fussent, les manifestations d'un instinct d'autodestruction qu'il dénommera « instinct de mort ». Il se manifeste par des tentatives réitérées de suicide. Mais aussi — et si étonnant que cela puisse paraître — par des habitudes qui mènent à la destruction de soi-même : tabagisme, alcoolisme, drogue, etc.
Mais Freud n'a pu que le constater — en se rapportant à des cas cliniques - : certaines personnes se sont condam-

nées elles-mêmes à la mort sans que l'on comprenne pourquoi, sans que l'on puisse en expliquer le motif.
L'origine peut être un masochisme poussé à l'extrême... Mais pourquoi ? L'instinct de mort peut aussi être causé, paradoxalement, par la peur de la mort ! On se tue pour échapper à cette terreur. Une forme de « consolation » : puisque l'on doit mourir, on choisit le moment et la manière de mourir !

JARDIN *(image de l'enfance)* Pour l'homme comme pour la femme, rêver d'un jardin est le symbole de l'innocence et du bonheur (le jardin de l'Éden). Il place déjà le songe dans un climat heureux et candide.

JEU *le* (Il s'agit évidemment ici du jeu tel qu'on le pratique dans les clubs ou les casinos et non pas du jeu de l'enfant, de la belote ou de la pétanque.)
Fantasme en apparence banal qui peut pourtant entraîner la ruine du joueur et même sa mort. Aux beaux temps de Monte-Carlo on ne comptait plus les suicides... Le vrai fantasme du joueur comme du coureur automobile est de mettre sa vie en « jeu ». Ce peut être par masochisme, par autopunition, par instinct de mort... (voir ces mots).

JUMENT Image symbolique de la maternité.

LABOUR Pour l'homme, rêver qu'il laboure un champ est un désir de paternité.
Pour la femme, voir en songe un champ labouré ou qu'on laboure est le désir de maternité ou l'attente d'un enfant alors même qu'elle l'ignore encore.

LAC Symbole de la mère (voir « Eau »).

LANGUE Symbole sexuel phallique (voir « Tête »).

LAPSUS LINGUAE Cette erreur que l'on commet en parlant, de bonne foi, croit-on, est en fait une manifestation inconsciente de notre véritable pensée (voir « Acte manqué »).

LATENCE En psychanalyse, période qui s'étend de la fin de la première sexualité (vers cinq-six ans) à la puberté. « C'est pendant la période de latence que se constituent les forces psychiques qui plus tard feront obstacle aux pulsions sexuelles... (le dégoût, la pudeur, les aspirations morales et esthétiques) » (Freud).

LESBIANNISME Homosexualité féminine. On peut sans être anormale, ainsi que l'a prouvé Freud, être amoureuse de son propre sexe. L'homosexualité, tolérée aujourd'hui, peut être assumée. Le lesbiannisme peut aussi rester à l'état de fantasme ; dans ce cas le rêve avouera par symboles ce qu'on se refuse d'être (voir « Homosexualité »).

LIBIDO Communément : « désir sexuel ». Pour Freud c'est « l'énergie de la pulsion sexuelle » qui engendre le bien comme le mal. Jung affirme le contraire : « énergie psychique, non sexuelle ». « La libido peut se comparer au pétrole brut jailli des entrailles de la terre, susceptible d'être raffiné, transformé en d'innombrables produits... Grâce à la façon dont elle est canalisée et développée, la libido façonne la structure de la personnalité » (Stafford Clark).

LION Symbole du feu et du soleil (en astrologie le soleil se trouve dans le signe zodiacal du Lion), mais aussi de force instinctive et destructrice.
Pour les hommes comme pour les femmes, fantasmer sur ce fauve (Tartarin de Tarascon...) ou en rêver symbolise la vanité, la recherche du succès, d'un rôle social brillant, d'un grade élevé. Ce fantasme peut aussi symboliser la passion qui détruit tout. Rêver d'un lion en cage signifie au contraire que c'est le « moi » qui est enfermé et ne peut atteindre, par manque de volonté, ce qu'il désire, ou signifie encore le refus de franchir la barrière qui sépare le conscient de l'inconscient. Signe positif et négatif à la fois, l'interprétation symbolique du lion doit toujours être en rapport avec l'ensemble du rêve.

LOUP *(image de la libido)* Pour l'homme comme pour la femme, fantasmer sur le loup ou en rêver c'est se laisser guider uniquement par la pulsion sexuelle ; alors rien d'autre ne compte que le désir. Le loup « dévore », il « croque à belles dents » la vie. Rien ne peut le faire régresser : ni la morale ni les reproches. Enfermé, il symbolise — comme le lion — le contraire de ce qu'il est.

LUMIERE Symbole des forces claires de la nature humaine. « Ce n'est pas seulement à la divinité, mais à l'âme qu'a été attribuée la substance de la lumière » (Jung) (voir « Feu » et « Flamme »).

LUNE Symbole de la mère créatrice de vie. Pour l'homme comme pour la femme, rêver de la lune pleine et lumineuse est le symbole du bonheur et de la richesse. Elle symbolise également la mère, comme le soleil symbolise le père (au Mexique les temples du Soleil et de la Lune). La lune, c'est aussi la faculté prémonitoire de l'inconscient : une femme enceinte, mais l'ignorant, rêvera de la lune.

MAIN Symbole phallique (voir « Doigts »).

MAISON Les rêves se servent souvent du symbole de la maison pour représenter le psychisme de l'être humain : la façade est son côté apparent (son « masque »), les étages représentent les états d'âme, le toit le conscient, la cave l'inconscient, enfin la chambre à coucher ce qu'il y a de plus intime en l'être. La cuisine est, elle, l'endroit où se fait la transformation psychique. Le rêve de la maison est fréquent en analyse.

MASOCHISME Terme tiré du nom de l'écrivain Sacher-Masoch. Il s'agit d'une perversion sexuelle consistant à rechercher le plaisir à l'aide de douleurs physiques ou d'humiliations morales. « Le masochisme comprend tous les degrés possibles d'une attitude passive en face de la vie sexuelle... Le point culminant sera atteint lorsque la satisfaction dépend nécessairement d'une souffrance physique ou psychique... C'est avec le sadisme la forme de perversion la plus fréquente et la plus importante de toutes » (Freud). Il provient souvent, du moins en partie, d'un complexe d'autopunition. Il est fréquemment lié au sadisme (sado-masochisme).

MÉMOIRE GÉNÉTIQUE *(patrimoine héréditaire contenu dans les gènes)* On sait aujourd'hui que nous gardons, inscrits en nous comme sur un film indestructible, des faits, des traits de caractère, des usages qui peuvent remonter extrêmement loin dans notre passé génétique. « C'est le prodigieux héritage spirituel de l'évolution du genre humain qui renaît dans chaque structure individuelle » (Freud). Il est fréquemment à l'origine de nos fantasmes. La peur de la souris chez la femme en est l'exemple (voir « Souris »).

MENTON Symbole phallique (voir « Tête »).

MER Est fréquemment le symbole de mère : du fait de son côté créateur : dans ses profondeurs, la mer abrite des êtres vivants tout comme la mère abrite le fœtus. Comme elle, elle est généreuse, douce, tendre ; elle peut aussi être cruelle, dévastatrice, dominatrice.

MÈRE Partage avec le père le rôle principal, quoique totalement différent — du moins en général — qui influera sur toute la vie d'un être, peut-être plus encore quand il sera devenu adulte. La mère est à l'origine des complexes (d'Œdipe, de castration, etc.) et de la personnalité (voir « Don juanisme ») de ses enfants. Ce, d'autant plus si elle ne ressemble pas à l'archétype de la mère conçu dans son subconscient par celui ou celle qu'elle a engendré. Bonne, généreuse, elle est le « sein maternel » dans lequel on s'abrite. Mais elle peut être aussi la « sorcière », la « castratrice » qui s'oppose à l'évolution psychique et matérielle de son enfant. Cela pour la femme comme pour l'homme. Mère castratrice elle peut « soumettre » sa fille comme son fils à son pouvoir puisqu'elle est leur créatrice. Le terme populaire « le cordon ombilical n'est pas coupé » a un sens exact dans bien des cas. En rêve, selon qu'elle est la « bonne mère » ou la « mère sorcière », elle sera symbolisée par des formes différentes : une mer calme ou tempétueuse ; une grotte-refuge ou une angoissante caverne ; un « monstre » (voir ce mot) ou une femme douce et généreuse... Dans la vie, si le père se dérobe ou n'existe pas (mort, disparition, divorce...), la mère assumera alors dans le subconscient de l'enfant les deux rôles : père-mère.

MÈRE PHALLIQUE   Voir « Femme phallique ».

MOI   Une des trois puissances, le « ça », le « moi » et le « surmoi » (voir ces mots) de la vie psychique reconnues par les psychanalystes, en particulier par Freud. Le moi est la partie superficielle de l'être qui se trouve en contact direct avec la réalité consciente. Intermédiaire entre le « ça » et le « surmoi » c'est en fait le « diplomate » de cette trilogie puisqu'il tend à satisfaire à la fois les exigences du « ça » et du « surmoi ». Il dispose du contrôle des mouvements volontaires, il accumule dans sa mémoire les expériences, il modifie à son avantage le monde extérieur. Il a aussi la maîtrise des exigences pulsionnelles en décidant si elles peuvent être satisfaites ou si elles doivent être refoulées. Si le « ça » représente le passé héréditaire et le « surmoi » ce qui a été emprunté à autrui (les parents, les éducateurs, etc.), le « moi », lui, est déterminé par la réalité de la vie. On pourrait dire du « moi » qu'il est l'homme primitif, et du « surmoi » qu'il est l'homme civilisé.

MONSTRE   Pour l'homme comme pour la femme, rêver d'un monstre, sous quelque forme qu'il se présente, symbolise la nature qui donne la vie, la fait disparaître et la redonne.
Un homme peut voir dans ce symbole le rôle destructeur et castrateur de la mère. Le rêveur doit supprimer le monstre symbolique pour devenir un homme. C'est le « Femme je ne vous connais pas » de Jésus à sa mère.

MONTER À CHEVAL   Symbole de la possession sexuelle.

MORT   Voir « Deuil » et « Travail de deuil ».

MOTO   On fantasme aujourd'hui sur les motos comme autrefois sur les autos et il y a quelques siècles (mais aussi parfois aujourd'hui) sur les chevaux... C'est, dans ce cas, un symbole de virilité. Plus on a une grosse cylindrée plus... on est viril ! L'une (la moto) pouvant d'ailleurs remplacer l'autre... On pourrait presque dire que pour les garçons c'est un exhibitionnisme inconscient et pour les filles un voyeurisme tout aussi inconscient.

NAISSANCE Rêver de sa propre naissance indique que l'on se débarrasse du pouvoir accapareur des parents et spécialement de celui de la mère.

NARCISSISME Le narcissisme renvoie au mythe de Narcisse amoureux de sa propre image. Il peut engendrer l'homosexualité en faisant rechercher un être semblable à soi-même. Il peut être aussi le report de la totalité de la libido sur soi-même : on peut fantasmer sur soi comme on fantasme sur une vedette.

NATURE « Laisser agir la nature » est pris ici dans le sens sexuel du mot. Pour un homme, mutiler ou rêver qu'il mutile quelque chose de la nature (un arbre, par exemple) peut être le désir inconscient de mutiler ses organes génitaux.

NEUF Voir « Nombres ».

NÉVROSES Elles jouent un rôle extrêmement important dans le psychisme, étant donné les fantasmes qu'elles engendrent. Les principales sont :
— la *névrose d'abandon* : on fantasmera sur le fait qu'on n'est pas aimé, qu'on ne compte pour rien ; on ne supporte pas non plus d'être séparé de l'être aimé : fantasme de la jalousie.
— la *névrose d'échec* : on fantasme sur son patron (qui veut vous renvoyer...), sur son travail (qui est mauvais...), sur l'amour (on ne sait pas le faire ou on n'est plus aimé), etc.
— la *névrose d'angoisse* : elle accumule les fantasmes d'accidents, de malheur, de maladies, de morts, etc. ; elle amène les peurs fantasmatiques : cambriolages, attentats, etc.
— la *névrose de caractère* : elle « est un véritable "blindage" du "moi" qui s'exprime dans un comportement rigide obstiné et souvent hostile » (Larousse).

193

— la *névrose familiale :* comme son nom l'indique, elle est le fantasme — en bien ou en mal — sur un ou plusieurs membres de sa famille.

— les *fantasmes d'omnipotence* qui reflètent souvent ceux de l'enfance et sont aussi ceux des mégalomanes. Mais passer sa vie à cirer ses meubles, à essuyer ses objets, à ranger son linge ou son argenterie peut aussi être un fantasme dû à une névrose du type anal (voir ce mot). *Psychose* de Hitchock est l'illustration parfaite des fantasmes d'un névrosé.

NEZ Un des symboles phalliques les plus courants. Populairement, il symbolise le pénis (« Celui qui a un grand nez a aussi un important membre viril »). Dans un rêve, perdre son nez c'est perdre sa virilité (voir aussi « Animal à long nez »).

NOM Pour un homme comme pour une femme, rêver que l'on a oublié son nom ou que l'on en a changé correspond à la perte de son individualité.

C'est un songe que font les êtres faibles, mous, qui essaying d'échapper à leurs responsabilités.

NOMBRES Les nombres renvoient à des symbolismes archaïques que l'on retrouve, entre autres dans les tarots.

Un représente le début de quelque chose : amour, amitié, inimitié, travail, etc. Il symbolise aussi le principe masculin.

Deux signifie opposition, effort, mélancolie, lutte entre le bien et le mal. Le *deux* symbolise aussi le principe féminin.

Trois est un signe franc-maçon (les trois points), c'est le grand arcane de toute initiation ; il symbolise dans la religion chrétienne la Trinité. Il signifie : « Idée ».

Quatre représente la matière, la vie sociale, le pouvoir, la protection, l'abondance.

Cinq représente la vie universelle, la personnalité, la volonté, l'individualité, l'intelligence pouvant aller jusqu'au génie. C'est encore le signe de l'union de l'homme et de la femme.

Six correspond à l'équilibre des forces (choix entre le bien et le mal, le haut et le bas) ; c'est aussi le symbole de la lutte et de l'épreuve.

Sept est le nombre sacré du pouvoir magique. Personnifie l'univers et Dieu (sept vertus, sept principes, sept planètes, sept jours, etc.).

Huit est le symbole de la justice, mais en astrologie le huit signifie la mort et le huit horizontal (∞), la mort vaincue.

Neuf représente l'harmonie, la sagesse, la beauté.

Dix est le nombre des doigts, symbole de fortune et d'ascension.

NOMBRIL Symbole du cordon ombilical. Pour l'homme comme pour la femme, fantasmer sur son nombril ou en rêver est symbole de la nostalgie de l'enfance première. Ce peut être aussi un désir mystique (retrouver Dieu, le nombril du monde).

NU Rêver que l'on est nu ou à demi vêtu, pour un homme comme pour une femme, signifie l'inadaptation à la société, un sentiment d'infériorité.

OBJET FÉTICHE Voir « Fétichisme ».

ŒDIPE *(complexe d')* Renvoie au mythe grec d'Œdipe. Œdipe, après avoir tué son père, épouse Jocaste en ignorant que c'est sa mère.

Pour l'homme comme pour la femme, le complexe d'Œdipe est à l'origine de bien des fantasmes. Dans sa première enfance, « le petit garçon manifeste un grand intérêt pour son père. Il voudrait devenir et être ce qu'il est, le remplacer à tous égards » (Freud) mais en même temps il nourrit pour sa mère une passion telle qu'il voudrait l'avoir complètement à lui. Peu à peu il s'aperçoit que le père est « son rival en ce qui concerne l'affection, l'attention et toutes les autres choses que l'enfant désire de sa mère... Son identification avec le père prend de ce fait une teinte hostile et finit par se confondre avec le désir de remplacer le père même auprès de la mère » (Freud). La jalousie de l'enfant risque alors de devenir si forte qu'il souhaitera le tuer. Sentiment qui peut engendrer chez l'enfant la peur d'être châtré (punition de ce désir).

Puis (de 5 à 11 ans) l'enfant entre dans une période de latence (voir ce mot) où tout ce passé est enfoui dans le subconscient. En principe alors « un objet d'amour adulte doit prendre la place de la mère » et il n'y aura pas de problème. Mais si cela n'a pas lieu ou est mal défini, il va y avoir chez l'adulte un complexe qui peut devenir une névrose. Chez les homosexuels hommes et chez les « Don Juan » on trouve souvent le complexe d'Œdipe.

ŒIL Un homme comme une femme peut fantasmer sur un œil vert, bleu ou doré. L'œil — eh oui ! — est une zone érogène ? Pourtant très éloignés du sexe les yeux jouent un rôle important : ils « voient » et ce qu'ils voient amène l'excitation. Le regard « détermine, d'une part, un plaisir... d'autre part une augmentation de l'excitation sexuelle qu'il peut provoquer » (Freud). Dans les rêves au contraire, les yeux ont une signification spirituelle : ils représentent la connaissance.

ŒUF Pour les femmes, le symbole de l'œuf est celui de la vie à son début et aussi de la résurrection (l'œuf de Pâques). Ce pourra être le rêve d'une femme qui attend un enfant. Psychiquement ce peut être aussi un rêve d'analyse quand l'analysé est en voie d'évolution.

OMBRE L'ombre représente le côté négatif de l'être. Méphisto est le deuxième « moi » de Faust : son ombre (et quel fantasme, que cette ombre !). On peut rencontrer dans les rêves l'ombre sous différentes formes : tout ce qui est inconscient pouvant être d'après Jung projeté sur quelqu'un d'autre.

ONANISME Voir « Auto-érotisme ».

ORALITÉ *(érotisme)* Chez le nourrisson l'activité orale — cri et nourriture — est la première satisfaction érotique. « Nous dirons que les lèvres de l'enfant ont joué le rôle de zone érogène et que l'excitation causée par l'afflux du lait chaud a provoqué le plaisir » (Freud). L'enfant suppléera à la disparition du sein par la découverte des doigts, du gros orteil, d'un jouet, dont la succion prend alors une signification symbolique, sans parler de la fameuse « tétine » que les parents ignorants sont portés à donner au bébé quand il crie pour réclamer le plaisir oral que lui donnait le sein maternel ou le biberon. « Souvent aussi la succion s'accompagne d'attouchements répétés de la poitrine et des parties génitales. Ainsi les enfants passent-ils souvent de la succion à la masturbation » (Freud).

OREILLE *(zone érogène)* Pour l'homme, rêver de satyre ou de faunes aux oreilles pointues symbolise les désirs sexuels.

Pour la femme, aimer (dans la réalité) glisser sa langue dans l'oreille de son ou sa partenaire est le symbole du pénis entrant dans l'organe sexuel féminin.

Pour une jeune fille, rêver qu'on lui perce l'oreille est le symbole de la perte de sa virginité. Soit qu'elle vienne d'avoir lieu, soit qu'elle le souhaite ou le redoute.

ORGANES GÉNITAUX « Les symboles employés par le rêve servent le plus souvent à recouvrir des parties du corps ou des actes qui intéressent la sexualité. Les organes génitaux en particulier utilisent une collection d'objets bizarres : des armes pointues, des objets longs et rigides (troncs d'arbre, cannes...) représentent l'organe masculin tandis que les armoires, boîtes, voitures... remplacent dans le rêve, l'organe féminin. Le motif de cette substitution est facile à comprendre » (Freud).

OUTILS DE CAMBRIOLEUR Pour les femmes, c'est la force brutale du viol qu'elles craignent — ou souhaitent obscurément.

Pour les jeunes filles, en rêver trahit leurs appréhensions ou leur désir sexuels.

PAPILLON Pour les hommes comme pour les femmes, le papillon est le symbole de la métamorphose (la chenille devient papillon). C'est un rêve psychique de la transformation du « moi ». On se libère de quelqu'un ou de quelque chose.

PARAPLUIE Symbole sexuel mâle (voir « Armes »). Perdre son parapluie (voir « Actes manqués »).

PÉDÉRASTIE Homosexualité masculine. On peut fantasmer sur son propre sexe et assumer ce qui n'est plus considéré aujourd'hui comme une perversion ou en être honteux et ne pas vouloir se l'avouer. Dans ce dernier cas, le rêve présentera sous la forme de symboles ce que l'on se refuse à reconnaître.

PÉDOPHILIE *(perversion)* Pour un homme comme pour une femme, fantasme de perversion portant à considérer les enfants comme objets sexuels.

« Les sujets qui prennent pour sujets (amoureux) des prépubères apparaissent dès l'abord comme des cas aberrants... » Mais il est malheureusement évident que leur « pulsion sexuelle ne trouve pas pour se satisfaire un objet plus approprié » (Freud).

Cette perversion provient généralement d'une émotion sexuelle de la prime enfance que la période de latence qui a suivi a fait oublier. « Je fais ici allusion à ce curieux phénomène d'amnésie qui, pour la plupart des individus, sinon pour tous, couvre d'un voile épais les six ou huit premières années de leur vie » (Freud), mais que le subconscient, lui, n'oublie pas !

PÉNIS En avoir envie est le plus normal des fantasmes... Mais il peut se trouver soumis à bien des interprétations féminines ou... masculines.

PÈRE Comme la mère, le père joue un rôle primordial dans la vie tant de l'enfant que de l'adulte. Le comportement paternel sera le plus souvent responsable, du moins en partie, de ce que deviendra l'être qu'il a engendré, de ses complexes, mais aussi parfois de ses perversions (voir « Complexe d'Œdipe », « Complexe d'Electre », « Complexe de castration » et « Névroses »). Cela d'autant plus s'il se dérobe à ses devoirs de père et ne ressemble pas à l'archétype que s'en est fait l'enfant.

En rêve, le père peut jouer un rôle psychique et intervenir dans le songe, non pas sous son aspect matériel mais spirituel : l'héritage génétique ou psychologique qu'il a laissé à son enfant et qui ne correspond pas toujours à l'image archaïque du père divin et tout-puissant. Dans ce cas, il sera — ou il aura été — le plus souvent, un père faible et peu consistant ; le subconscient évoque alors le contraire de cette réalité en la remplaçant par ce qu'il aurait souhaité.

Pour la femme, l'archétype du père se mêle au père réel et même peut le remplacer. Encore aujourd'hui il reste souvent, dans l'inconscient, le père-roi, bon, généreux, protecteur, mais aussi autoritaire (on doit se soumettre à lui...). Cette image divinisée du père peut correspondre à une autre personne qui a joué un rôle important dans l'enfance (si le père réel s'y est dérobé) et se reportera alors sur cette personne. En analyse, par exemple, ce sera sur l'analyste lui-même que se fera ce transfert : on reportera sur lui les sentiments — haine, adoration, etc. — que l'on a portés, ou que l'on aurait voulu porter au père. Jung rapporte fréquemment de telles projections de l'« image » du père. Pour l'homme, l'image qu'il a du père (ou de celui qu'il aurait souhaité avoir pour père) sera très différente puisqu'il sera tout à la fois l'exemple, l'idéal et le rival (voir « Complexe d'Œdipe »).

PERVERSION Déviation de l'instinct sexuel qui porte l'homme et la femme vers un autre objet sexuel que l'objet normal (pénétration de la femme par l'homme). Les perversions sont plus ou moins importantes : « l'expérience nous a montré que la plupart de ces déviations, au moins quand il s'agit des cas les moins graves, sont rarement absentes de la vie sexuelle des sujets normaux... On peut dire que chez aucun individu normal ne manque un élément qu'on peut désigner comme pervers s'ajoutant au but sexuel normal... ». C'est pourquoi « il est peu justifié d'attacher au terme de perversion un caractère de blâme... ». C'est « Quand la perversion ne se manifeste pas *à côté* de la vie sexuelle normale, mais qu'elle l'écarte et la remplace... que nous sommes justifiés à considérer la perversion comme un symptôme morbide » (Freud). Et l'inventeur de la psychanalyse de conclure : « Aussi sommes-nous admis à admettre que la disposition à la perversion n'est pas quelque chose de rare et d'exceptionnel mais est partie intégrante de la constitution normale. ».

PHALLUS Si le mot « pénis » (voir ce mot) représente la réalité anatomique du sexe masculin, le mot ancien « phallus » (du grec : *phallos*) en représente le symbole : pouvoir et puissance. Il désigne donc le principe de l'autorité et peut même être employé dans un sens féminin (une femme « phallique »).

PHOBIE Réaction de peur cristallisée sur un symbole, un être, un objet. La phobie peut facilement aller jusqu'au fantasme (claustrophobie, agoraphobie, etc).

PIED *(symbole sexuel masculin)* Le pied a une importante signification sensuelle. C'est un symbole sexuel archaïque que l'on trouve déjà dans la mythologie. Il n'y a pas si longtemps les pieds des femmes chinoises étaient déformés dans un but purement sexuel ! Il en est de même pour le fétichisme du pied auquel se rapporte celui de la chaussure. L'expression moderne « prendre son pied » est bien significative à cet égard.

PIPE *(symbole sexuel mâle)* S'emploie en argot dans un sens bien défini...

PLUIE *(image de la fécondation)* Rêver pour une femme qu'il pleut annonce souvent qu'elle attend un enfant. De toute manière, c'est toujours le symbole de quelque chose de bienfaisant.

POISSON *(symbole spirituel)* Les dieux étaient souvent représentés par un poisson. Il en fut de même pour Jésus qui, aux premiers temps du christianisme, était symbolisé par un poisson. C'est l'image de la renaissance, donc de la résurrection. Pour un homme comme pour une femme, rêver de poissons est la preuve que l'on retrouve sa force vitale. Frétillants dans l'eau, les poissons symbolisent une vie heureuse et gaie, d'un esprit joyeux et sain. En revanche, hors de l'eau, ils signifient le contraire : l'état de quelqu'un qui n'est pas dans son élément (populairement « qui n'est pas bien dans sa peau »). Artémidore interprétait le songe des poissons morts comme « désavantageux, annonciateur de vaines espérances et d'inféconds efforts ».

POMME Pomme de l'arbre du Bien et du Mal : on sait ce qu'il en est advenu pour Eve qui l'avait croquée !... et surtout pour ses descendants !

PORTE Dans les rêves, la porte symbolise les organes génitaux... eh oui ! Une porte doit être ouverte ou fermée... la déduction se fait d'elle-même !

POUCE *(symbole sexuel)* L'enfant, particulièrement le bébé, suce son pouce, ce qui entraînera plus tard l'acte de succion (voir « Fixation », « Succion » et « Oralité »).

PRISON Le subconscient choisit toujours un symbole exprimant son psychisme. Pour un homme comme pour une femme, rêver que l'on est en prison symbolise que l'on est enfermé en soi-même ; que l'on ne se laisse pas aller à s'extérioriser ; ce sera le songe d'un introverti. Mais ce peut être aussi le désir de liberté : échapper à ses parents, à un mariage, à une liaison... Si on y est décidé on rêvera que l'on s'échappe de prison.

PULSION Signification littérale : poussée puissante. En psychanalyse, on distingue une multitude de pulsions qui se rapportent d'après Freud à deux pulsions fondamentales : l'« Éros » (instinct sexuel) et l'« instinct de destruction » (voir « Instinct de mort »).

QUEUE Tellement symbolique de l'organe sexuel mâle que populairement il le désigne. Pour un homme comme pour une femme, rêver d'une queue de cheval, de chien, de rat... donne lieu à bien des interprétations ; toutes sont phalliques.

RACINES PROFONDES Appelées ainsi en psychanalyse parce que pour les hommes comme pour les femmes, les racines profondes sont des sentiments extrêmement profonds, accrochés en soi comme des racines le sont dans la terre... (on ne peut pas plus les arracher même si on le désire !). Généralement ce sont des sentiments parentaux, parfois amoureux, plus rarement amicaux.

RAT *(symbole phallique)* Le rat ayant toujours été rendu responsable des grandes épidémies on a fini par l'y assimiler. Il peut donc non seulement être un symbole phallique mais aussi signifier la mort. D'où, en grande partie, la terreur qu'il inspire. En rêve, pour l'homme comme pour la femme : il signifie fréquemment que le rêveur est « usé » par la vie. Le rat peut aussi apparaître dans les rêves d'un dépressif, d'un grand malade ou d'un suicidaire (voir « Souris »).

REFOULEMENT Ce n'est pas l'oubli, c'est ce qu'on *veut* oublier (« comme si une résistance interne s'opposait à cette reviviscence » dit Freud). Refoulés dans l'inconscient qui, lui, n'oublie pas, les souvenirs remontent en surface sous forme de symboles responsables de nos fantasmes.

RÉGRESSION La régression est le retour à un stade antérieur de la pensée ou de l'activité, le plus souvent datant de l'enfance. Ce retour à ce niveau ancien est généralement le fait de contraintes ou consécutif à l'adversité. Il se manifeste souvent par la boulimie, la fixation (voir ces mots).

ROMAN FAMILIAL C'est un fantasme assez courant : une histoire que se raconte quelqu'un et qu'il raconte (fantasme sur ses origines, sur la famille...). Généralement, l'on prétend — et souvent on le croit — qu'à sa naissance il y a eu un changement d'enfant dû à une erreur dans la maternité et que nos parents ne sont pas nos « vrais » parents. On peut aussi se persuader qu'on a été adopté. D'après Freud, ce « roman » se rattacherait au complexe d'Œdipe. Mais cela peut venir d'autre chose, en particulier d'une mésentente totale avec ses parents, qu'ainsi, inconsciemment, l'on refuse.

ROUTIER Si le complexe ou le symbole reste toujours le même, chaque époque a ses fantasmes qui y correspondent. Le routier aux bras musclés a remplacé le chauffeur de grande maison qui lui-même avait succédé au palefrenier (fantasme des demoiselles du temps jadis). Il est d'ailleurs en train de se laisser détrôner par le « motard » (voir « Moto »).

SADISME *(perversion)* Opposé au masochisme. Le sadisme est le fantasme, pour les hommes comme pour les femmes, qui exige que, pour arriver au plaisir sexuel complet, on doive infliger douleurs et humiliations (physiques ou morales) à son partenaire. « Il est aisé d'en retrouver les origines dans la vie normale. La sexualité de la plupart des hommes contient des éléments d'agression... Le sadisme ne serait pas autre chose qu'un développement excessif de la composante agressive de la pulsion sexuelle » (Freud). La sagesse populaire en disant que « les scènes se terminent sur l'oreiller » donne une définition simpliste mais exacte d'un sadisme « normal » en quelque sorte. Cela peut aller de la simple domination, aux violences et aux blessures physiques, voire, dans certains cas, au crime sexuel : « Au sens strict du mot, ces derniers cas seuls peuvent être considérés comme des perversions » (Freud). Mais une chose est certaine : c'est que le sadique est presque toujours également masochiste. Celui qui, dans les rapports sexuels, « prend plaisir à infliger une douleur est capable aussi de jouir de la douleur qu'il peut ressentir » (voir le récit « Le Fouet », p. 19). La panoplie du parfait sadique comporte évidemment le fouet, la cravache, la corde, la chaîne, etc. Les jeunes extériorisent leur « bondage » (sado-maso) par le port de mini-jupes de cuir et de talons aiguilles pour les filles, de bottes à talons hauts pour les garçons. Fouet facultatif...

SERPENT *(symbole double)* Si la pomme fut la perdition d'Eve, c'est bien le serpent qui en est le responsable... Ce serpent a donc une importance symbolique tant spirituelle que physique. C'est évidemment le symbole de la connaissance puisque — nous affirme la Bible — il vivait, lové autour de l'arbre du Bien et du Mal. Mais c'est aussi le symbole de la sexualité masculine. Aux temps mythologiques il appartenait à Mercure, dieu intelligent et rusé, mais aussi à Esculape, dieu de la médecine qui avait le caducée pour emblème. Les médecins ont d'ailleurs conservé ce signe de leur profession... et pourtant son venin peut être mortel ! Le serpent est aussi — souvenir du paradis perdu — l'image de la trahison : « réchauffer un serpent dans son sein » ! Il inspire généralement la crainte, surtout chez la femme à laquelle ce corps long et glissant répugne (voir « Animal »). Le serpent est donc l'un des symboles les plus importants et les plus multiples qui soient. Pour l'homme comme pour la femme, il représente dans les rêves le phallus dans ses deux sens : le membre viril, mais aussi l'esprit masculin. Il faut toujours l'interpréter dans le songe par rapport au sens général de ceux-ci.

SEXUALITÉ Elle est à la base de presque tous les fantasmes. Ce sont certains désirs sexuels refoulés qui ressortent sous forme de symboles alimentant nos fantasmes (voir « Complexe d'Œdipe », « Complexe d'Electre », « Inceste », « Narcissisme », « Masochisme », « Sadisme »).

SEXUALITÉ ENFANTINE La première période de sexualité se situe dès la naissance et dure jusqu'à environ 3 ans. Mais, étrangement, et sans qu'on puisse l'expliquer, devenant adulte, l'être humain ne se rappellera à peu près rien des six premières années de sa vie (amnésie infantile). Freud en dit que « c'est une préhistoire [qui] nous cache les débuts de la vie sexuelle ». Ces débuts ont pourtant laissé dans le subconscient des traces décisives pour l'évolution et le comportement futurs. Le bébé ayant éprouvé une satisfaction l'a enregistrée. Adulte, il éprouve — sans en connaître le pourquoi — le désir de la répéter. Chez tous les hommes et toutes les femmes, il y a donc un facteur génétique de perversité que la vie développe plus ou moins.

SOLEIL On fantasme sur ce soleil qui bronze et réchauffe la mer... N'est-ce pas naturel puisque c'est Râ, le dieu égyptien (c'est aussi celui des Aztèques et des Mayas). A une époque pourtant bien moderne, Jung n'a pas craint d'écrire : « Le soleil est à vrai dire la seule image raisonnable de Dieu »... Fantasme qui se veut donc moderne et est, en fait, archaïque. Le soleil est aussi bien le symbole mystique de Dieu que celui de la libido.
Pour les hommes comme pour les femmes, rêver du soleil est toujours un songe spirituel, un symbole de dynamisme mystique. Il apparaît souvent dans les songes à la fin d'une analyse quand on est en voie de transformation.

SORCIÈRE *(archétype de la mère dominatrice)* La vieille sorcière réunit en elle les deux sexes. Elle est représentée en rêve comme dans les contes avec les symboles phalliques : grandes dents, index très long, balai... Pour les hommes comme pour les femmes, en rêve, elle est la représentation de la mère phallique (voir ce mot).

SOURIS *(symbole phallique)* La charmante petite souris qui, sans raison apparente, fait tellement peur aux dames, a, contre elle, une longue queue et un museau pointu ! Ce sont ces deux symboles phalliques qui font crier et s'enfuir les femmes : c'est pourquoi la peur de la souris se rencontre beaucoup moins dans la génération actuelle (ou alors il s'agit d'un fantasme dû à la mémoire génétique). Les jeunes filles des générations précédentes élevées dans la crainte sexuelle de l'homme et du « mystère » du mariage avaient de cette petite bête une terreur qui n'avait absolument rien à voir avec son caractère inoffensif mais uniquement avec le symbole qu'elle représentait (voir « Animaux » et « Rat »).

SOUVENIRS ÉCRAN Ainsi nommés par Freud ces souvenirs ne correspondent pas à des « événements qui se sont réellement passés mais à des fantasmes de ce qui, en fait, n'a jamais eu lieu ».

SUBCONSCIENT Le subconscient peut avoir enregistré des faits actuels ou remontant à notre enfance mais aussi des images de la mémoire génétique. Les uns comme les autres ressortent souvent symboliquement soit dans nos rêves soit dans nos fantasmes (voir « Inconscient »).

SUBSTITUTION Symbole qui prend la place d'un désir refoulé et se manifeste généralement par un fantasme. Freud parle de ce patient qui prenait plaisir à presser ses points noirs et était ensuite angoissé à l'idée que son visage présenterait des trous profonds. « Il est évident que l'expression du contenu des comédons est pour lui un substitut de l'onanisme. » La substitution pour l'homme comme pour la femme peut mener jusqu'au fantasme.

SURMOI Avec le « moi » et le « ça » (voir ces mots) le « surmoi » compose la personnalité de l'individu : il juge, censure et interdit. C'est, en fait, la conscience morale. L'autorité des parents — telle que le « surmoi » se la représente — en est, en partie, responsable.

SYMBOLES Il existe des symboles généraux qu'on retrouve chez tous les êtres et des symboles individuels liés au métier ou à la vie personnelle. Fréquemment, et surtout dans les rêves : les symboles sont bisexuels. Ils sont presque identiques dans les rêves masculins et féminins mais demandent une interprétation différente. Ainsi, si, en songe, un homme brandit un parapluie vers une femme c'est le signe d'un désir sexuel, voire un désir de viol. Si, en revanche, une femme rêve qu'elle repousse le parapluie que lui tend un homme, c'est qu'elle se refuse à l'acte sexuel. Très fréquemment aussi, les symboles jouent sur le double sens du mot. Ainsi une femme qui est en conflit avec son mari rêvera qu'elle prend une casserole par la queue (voir ce mot) et qu'elle la jette avec violence par terre.

SYMBOLISME Toute figuration indirecte du désir qu'il représente. Ce peut être un symbole dans la réalité, un dessin, un rêve... En fait, c'est l'expression fantasmatique d'un désir dont le sens inconscient reste à déchiffrer. Aujourd'hui ce déchiffrage fait appel pour une large part à la découverte scientifique de l'interprétation des rêves.

TABOU Ce terme d'origine polynésienne signifie l'interdiction, le sacrilège. « Le tabou présente deux significations opposées : d'un côté celle de "sacré", "consacré", de l'autre celle d'"inquiétant", de "dangereux", d'"interdit", d'"impur"... Il se manifeste essentiellement par des interdictions et des restrictions » (Freud). L'inceste, par exemple, est tabou dans les civilisations occidentales...

TÉLÉPHONE « ROSE » *(fantasme érotique réalisé par télématique)* L'érotisme perd tout son mystère dès l'instant où les mots « crus » deviennent usuels, où les jupes longues — qui laissaient, parfois, entrevoir une cheville...

— font place à la nudité. Il faut bien les remplacer par autre chose : une modernité qui se résout par le téléphone « rose » et le Minitel — de même couleur ! — qui ont pris une place extraordinaire dans la vie actuelle. Une autre raison est aussi qu'ils sont le substitut des maisons closes que l'État, plus moraliste que les PTT, a fermées. Mais aussi que dans la « foule solitaire » de notre époque on recherche par n'importe quel moyen — si faux soit-il — un contact humain. « Trois cents de ces codes [de Minitel] ouvrent les portes des Messageries conviviales qui vont du rose pâle à la plus franche pornographie » (*le Monde*). En fait ce dialogue immatériel entre deux personnes qui ne se voient ni ne se connaissent a pour but l'orgasme.

TERRE *(symbole féminin)* Pour l'homme comme pour la femme, rêver de la pluie tombant sur la terre symbolise l'union sexuelle d'une femme et d'un homme, d'où la fécondation.

TÊTE Symbole du « chef de famille ». Autrefois, le père. Ce peut aussi bien être aujourd'hui la mère. Pour l'homme, rêver d'une tête est le symbole de la procréation ou de la création (fonction créatrice du cerveau : Pallas Athénée surgit, armée, de la tête de Zeus). Pour la femme, désir de maternité ou de création d'œuvre.

THÉÂTRE Le théâtre vu en rêve symbolise le théâtre de la vie : ce qui s'y joue est le symbole de ce qui se « joue » dans la réalité. Au rêveur de savoir l'interpréter.

TIGRE Voir « Lion ».

TIROIR *(symbole sexuel féminin)* Selon qu'il est ouvert ou fermé son interprétation évidemment, diffère...

TRAIN Pour l'homme comme pour la femme, si, en rêve, on le manque, le train symbolise les occasions qui se sont présentées dans la vie et qu'on a laissées passer. Le sens est le même pour l'avion, l'autobus, l'autocar... En fait tous les moyens de transport.

TRANSSEXUEL Par une erreur de la nature (il ne faut pas oublier que l'embryon est bisexuel), un être — homme ou femme — naît avec un sexe dont les attributs apparents cachent ce qui est en réalité le sexe réel. Freud a dit en parlant de l'inversion : « Un être apporte en naissant une pulsion sexuelle déjà liée à un objet sexuel déterminé. » Aujourd'hui, les pédiatres font de plus en plus attention à ces erreurs de la nature et quand ils s'en aperçoivent avec certitude à la naissance, d'un léger coup de bistouri, réparent cette anomalie. « L'homosexuel(le) aime son sexe, le ou la transsexuel(le) le hait. Et plus que tout il a en horreur ses attributs sexuels » (Dr P. Fournier).

TRAVESTI Pour un homme (quelquefois une femme), se travestir en portant des vêtements du sexe opposé peut être le fantasme d'un homosexuel ou d'un transsexuel ; mais ce peut être aussi un hétérosexuel qui ne parvient à l'orgasme qu'ainsi. Fantasme qui peut être celui d'un fétichiste (voir ce mot) ou d'un inverti qui ne veut pas s'avouer qu'il l'est.

TROIS Voir « Nombres».

VACANCES C'est pour la plupart d'entre nous le fantasme de toute l'année : on fantasme sur les vacances du 1er janvier à la Saint-Sylvestre. C'est un besoin, surtout dans notre société actuelle (métro, boulot, dodo) de liberté, de renouveau, d'aventures ! mais aussi de nature et de soleil.

VACHES *(symbole féminin et maternel)* Depuis l'Antiquité elles sont considérées comme le symbole de la femme et de la maternité... pas toujours aimables (il y eut Io... mais il y a aussi « une belle vache » !).

VAUTOUR Le vautour symbolise la mort puisqu'il se nourrit de charogne. Il peut aussi avoir un sens très peu estimable...

VÊTEMENTS Le fantasme classique qui consiste à acheter ou à porter des vêtements neufs est la preuve d'un être changeant (homme ou femme) qui aimerait changer sa vie comme il change de vêtements. Pour l'homme comme pour la femme, rêver que l'on met un vêtement neuf symbolise un changement, soit matériel, soit spirituel. La nudité a longtemps été tabou (voir ce mot). Il est évident que les vêtements sont (ou plutôt étaient) des accessoires érotiques, créateurs de symboles et de fantasmes que n'engendre pas le nudisme. Heureusement, la mémoire génétique permet encore de rêver... (voir « Fétichisme »).

VOYEURISME *(perversion)* Le voyeur est le contraire de l'exhibitionniste (voir ce mot) bien qu'il soit parfois l'un et l'autre. C'est le plus fréquemment un homme (mais cela n'exclut pourtant pas les femmes). Il aime regarder les personnes faisant l'amour ou même simplement leurs organes génitaux. C'est un fantasme beaucoup plus répandu qu'on ne le croit et qui a son origine dans la prime enfance (la curiosité normale des bébés les fait observer le sexe de leurs parents).

Achevé d'imprimer en mars 1987
sur presse CAMERON
dans les ateliers de la S.E.P.C.
à Saint-Amand-Montrond (Cher)

pour le compte des
Éditions GARANCIÈRE
Groupe des Presses de la Cité
8, rue Garancière 75006 Paris

N° d'édition : 211. N° d'impression : 528.
Dépôt légal : avril 1987.

Imprimé en France